Susanne Rieder

DAS LANDFRAUEN Wildkräuterbuch

Köstliche Rezepte rund um
Bärlauch, Rucola & Co.

GONDROM

Die Autorin
Susanne Rieder war viele Jahre als Redakteurin bei verschiedenen Zeitschriften- und Buchverlagen tätig. Sie lebt heute mit Ihrer Familie am Stadtrand von München.

Producing: twinbooks, München
Covergestaltung: HildenDesign, München
Umschlagfotos: Isabelle Rozenbaum/PhotoAlto, HildenDesign

002

ISBN-10: 3-8112-2724-6
ISBN-13: 978-3-8112-2724-8

5 4 3 2 1

www.gondrom-verlag.de

Inhalt

Wildkräuter – lecker und gesund 5
Wildkräuter in der Küche 6

Suppen 17
Salate 39
Aufläufe, Kuchen, Terrinen & Co. 59
Vegetarische Hauptgerichte 79
Fisch- und Fleischgerichte 105
Snacks und Dips 123

Rezepte von A–Z 143

Wildkräuter – lecker und gesund

Wir finden sie im Wald, auf Wiesen, an Wegrändern und Bächen und nicht selten sogar im eigenen Garten – die Rede ist von unseren heimischen Wildkräutern, von Bärlauch, Rucola und Co. Sie waren als Speisepflanzen bei uns nahezu in Vergessenheit geraten, und ein jahrhundertealtes Wissen um die Verwendbarkeit und auch die (Heil-)Wirkung von verschiedenen Wildgemüsen und -kräutern war fast verloren gegangen. Dabei sind sie überall und teilweise fast das ganze Jahr über zu finden und zu ernten. Sie enthalten mehr Vitamine und Mineralstoffe als kultivierte Gemüse oder Kräuter. Wildkräuter gedeihen draußen vor unserer Tür und werden erst direkt vor dem Verbrauch geerntet. So erstaunt es nicht, dass beispielsweise Bärlauch oder Brennnesseln einen viel höheren Gehalt an Vitamin C und an Provitamin A haben, als beispielsweise Kopfsalat.

In den letzten Jahren erlebte vor allen anderen Wildkräutern Bärlauch eine wahre Renaissance. Er wird sowohl in Gourmettempeln in phantasievollen Kreationen gereicht als auch in Bratwürstchen oder Käse verarbeitet. Rauke, die wir heute eher unter ihrem italienischen Namen »Rucola« kennen, trat ihren Siegeszug von Italien aus an und ist heute selbst aus dem Supermarkt nicht mehr wegzudenken. Aber auch Löwenzahn, Sauerampfer und Brennnesseln kommen immer häufiger auf den Tisch. Das ist nicht verwunderlich, denn Wildkräuter sind zudem viel geschmacksintensiver als kultivierte Pflanzen. Die in diesem Kochbuch häufig verwendeten Mengenangaben »eine, zwei, drei, ... Hand voll« sind nicht sehr genau. Das ist aber auch nicht unbedingt notwendig, denn Sie werden selbst schnell durch Ausprobieren herausfinden, wie viel Sie vom jeweiligen Kraut brauchen, damit Ihnen ein Gericht schmeckt. Ihr Geschmack ist teilweise sehr intensiv und je nach Standort und Jahreszeit unterschiedlich. So benötigen Sie einmal mehr und einmal weniger, um dasselbe Ergebnis zu erzielen.

Die Auswahl der in diesem Buch verwendeten Wildkräuter richtet sich unter anderem danach, wie bekannt eine Pflanze ist und wie leicht sie gefunden und bestimmt werden kann. Die Rezepte gelten, wenn nicht anders angegeben, für vier Personen. Die Zubereitungszeit beinhaltet nur die Zeit der Vorbereitung: Zusätzliche Zeitangaben für Garen, Backen, Kühlen oder ähnliche Wartezeiten finden Sie im Rezepttext.

Wildkräuter in der Küche

Natürlich sollten Sie genau wissen, was Sie da ernten und essen. Denn genau wie beim Pilzesammeln gilt: Nur was man einwandfrei bestimmen kann, kann man auch bedenkenlos verzehren. Also Finger weg von Pflanzen, bei denen Sie nicht sicher sind! Wie bei Pilzen gibt es auch bei Wildkräutern genügend Verwechslungsmöglichkeiten mit ungenießbaren und sogar giftigen Pflanzen. So ähneln beispielsweise die giftigen Maiglöckchenblätter denen des Bärlauchs. Um Ihnen das Bestimmen und Sammeln von den in diesem Kochbuch verwendeten essbaren Wildkräutern und -gemüsen zu erleichtern, finden Sie im Anschluss eine Beschreibung dieser Kräuter mit ihren speziellen Erkennungsmerkmalen und Standorten. Sehr hilfreich sind außerdem detaillierte Pflanzenbestimmungsbücher mit fotografischen Abbildungen. Es werden mittlerweile auch Kräuterseminare oder Flurbegehungen unter fachlich geschulter Führung angeboten. Wen die Sammelleidenschaft einmal gepackt hat und wer gerne kocht, der wird in der Natur eine Fülle von essbaren Wildkräutern finden und durch Ausprobieren eine Menge schmackhafter Gerichte zaubern. Viele der in diesem Kochbuch vorgestellten Rezepte können auch mit anderen als den angegebenen Wildkräutern zubereitet werden. Lassen Sie Ihrer Phantasie freien Lauf!

Frisch auf den Tisch

Sammeln Sie keine Wildkräuter an Standorten, die einer hohen Luftverschmutzung oder Umweltbelastung ausgesetzt sind, beispielsweise neben stark befahrenen Straßen, Fabriken oder etwa Maisfeldern und Weinbergen, die in der Regel mit Chemikalien besprüht werden. Nehmen Sie auch nur so viel, wie Sie für das jeweilige Gericht benötigen und ernten Sie nur die Pflanzenteile, die Sie brauchen. Pflücken Sie nie zu viel von einer einzelnen Pflanze, sodass sie sich regenerieren und weiter wachsen kann. Am besten lassen Sie Wurzeln und Samen stehen, um den Bestand der jeweiligen Pflanzen zu sichern. Mit einem kleinen Messer oder einer Schere geht das Ernten oft einfacher als mit der Hand. Sie können die entsprechenden Pflanzenteile aber auch mit Daumen und Zeigefinger abzwicken. Wichtig ist, dass Sie für den Transport ein Körbchen oder eine Tragetasche aus Papier dabei haben. Plastiktüten sind völlig ungeeignet, da die Pflanzen darin »schwitzen«. Gesetzlich geschützte Pflanzen und Arten, die auf der »roten Liste« stehen, sollten Sie in jedem Fall stehen lassen. Sie handeln nicht nur unverantwortlich, sondern riskieren auch hohe Strafen, wenn Sie diese trotzdem sammeln.

Die beste Zeit zum Sammeln ist der Vormittag, wenn der Tau abgetrocknet ist. Wer die Kräuter sofort verwendet, kann auch bei Regen ernten. Die Pflanzen sollten generell frisch verzehrt werden. Für Salate und viele andere Gerichte ist es von Vorteil, möglichst junge zarte Blätter zu verwenden. Sie enthalten nicht so viele Bitterstoffe und schmecken daher milder.

Kräutergenuss aus dem eigenen Garten

Neben der Gefahr einer Verwechslung mit ungenießbaren oder giftigen Pflanzen besteht in freier Natur auch die Möglichkeit, dass Sie sich mit dem Fuchsbandwurm infizieren. So sollten Sie Wildkräuter auf jeden Fall gründlich waschen, denn das vermindert die Ansteckungsgefahr erheblich. Oder, wenn Sie ganz sicher gehen wollen, blanchieren Sie die Pflanzen kurz in kochendem Wasser, dann sind die Erreger abgetötet. Einfrieren allein nützt übrigens nichts. Wer die Blätter roh verzehren will, aber trotzdem kein Risiko eingehen möchte, der kann viele Wildkräuter im eigenen Garten anbauen. So sind Bärlauchsamen oder -zwiebeln heute oft in Gärtnereien erhältlich. Im Schatten unter Bäumen oder Hecken, die im Winter ihr Laub abwerfen, in feuchten, humusreichen Böden vermehrt sich Bärlauch schnell. Passen Sie allerdings nicht auf, dann wuchert Rucola überall – auch dort, wo er gar nicht soll.

Unkraut gibt es nicht

Gartenbesitzer haben den unschätzbaren Vorteil, dass bestimmte Wildkräuter in ihrem Garten sowieso schon gedeihen. Neben Löwenzahn findet sich vielerorts Giersch, auch Geißfuß genannt, meist sehr zum Ärgernis von Anhängern gepflegter Grünanlagen. Viele von Ihnen werden dieses »Unkraut« bestimmt kennen, das sich über seine weit verzweigten Wurzeln ausbreitet und nicht auszurotten ist. Was allerdings den wenigsten bekannt ist: Hinter dem ungeliebten Kraut verbirgt sich eine wohlschmeckende und gesunde Gemüse- und Salatpflanze. Auch Brennnesseln gedeihen in etwas »verwilderten« Ecken im Garten.

Ein weiterer Vorteil, den die Wildkräuter im Garten gegenüber Kulturpflanzen haben: Sie brauchen sich nicht um sie zu kümmern. Sie müssen weder Unkraut jäten noch ständig gießen oder die Erde auflockern – die Kräuter wachsen ohne besondere Pflege und schmecken trotzdem hervorragend.

Kleine Wildkräuterkunde

Bärlauch *(Allium ursinum)*

Der Bärlauch, auch Waldknoblauch genannt, gedeiht in schattigen, humusreichen, feuchten Laub- oder Auenwäldern, vor allem in Buchenwäldern, in denen er im Frühling ganze »Wiesen« bilden kann. Die Pflanze wird 15 – 30 Zentimeter hoch. Die Blüte bildet sich zwischen zwei Blättern, ist weiß, sternförmig, in kugeligen Scheindolden.

Vom Bärlauch können Sie die Blätter mit Stängel, Blüten und Zwiebeln roh oder gekocht essen. Die jungen, zarten Blätter sollten vor der Blüte von März bis Mai gesammelt werden. Die Zwiebeln können auch nach der Blüte im Sommer und Herbst ausgegraben werden. Da die Blätter aber nach der Blüte rasch abwelken und der Bärlauch von anderen Pflanzen überwuchert wird, sind die Zwiebeln später nur noch schwer zu finden. Die Zwiebeln schmecken noch intensiver nach Knoblauch als die Blätter. Anders als beim Knoblauch haben Sie nach dem Genuss von Bärlauch keinen Mundgeruch zu fürchten.

Verwechslungsgefahr: Vor der Blüte ähneln die Blätter stark den giftigen Maiglöckchen oder Herbstzeitlosen. Wenn Sie die Blätter des Bärlauchs zwischen den Fingern zerreiben, riecht er nach Knoblauch. Dies ist das sicherste Unterscheidungsmerkmal.

Wirkung: Bärlauch hat eine antibiotische Wirkung. Er gilt als blutdrucksenkend und hilft bei Magen- und Darmstörungen. Aber Vorsicht! Essen Sie zu viel von der rohen Pflanze, kann das zu Durchfall und starken Blähungen führen. Ätherische Öle, Vitamin C, Flavonoide und Fructosane gehören zu seinen Inhaltsstoffen. Flavonoide erweitern die Nierengefäße und steigern so die Harnausscheidung. Fructosane gehören zu den Kohlenhydraten und fördern die Vermehrung günstiger Darmbakterien.

Brennnessel *(Urtica dioica)*

Brennnesseln wachsen in Gärten, in Wäldern, an Wegen, Zäunen und Schuttplätzen. Sie werden 60 – 150 Zentimeter hoch und ihre Blätter können von Juni bis September/Oktober geerntet werden. Bevorzugen Sie junge Triebe, so brauchen Sie die Pflanzen nur regelmäßig abzuschneiden, dann treiben sie neu aus. Um sich nicht zu »verbrennen«, sollten Sie bei der Ernte am besten Gummi- oder Gartenhandschuhe tragen.

Die Blätter können roh als Salat oder gekocht als Gemüse gegessen werden. Verzehrt man sie roh, empfiehlt es sich, die Blätter etwa 15 Minuten in kaltem Wasser einzuweichen oder heiß zu überbrühen, sie verlieren dadurch ihre »Brennkraft«. Auch Samen und Wurzeln der Pflanze sind essbar, aus Letzteren lässt sich auch Tee zubereiten, der blutreinigende Eigenschaften hat. In den Samen sind die Inhaltsstoffe der Brennnesseln in konzentrierter Form enthalten. Sie können sie einfach auf's Butterbrot legen oder geröstet unter Gemüse- und Reisgerichte mischen.

Verwechslungsgefahr: Keine, es gibt kein anderes Kraut, das so »brennt«.

Wirkung: Brennnesseln besitzen einen hohen Anteil an Mineralstoffen wie Eisen, Kalium und Calcium und viel Vitamin C und Provitamin A. In ihren Brennhaaren ist Histamin enthalten. Dieses ist an der Regulation der Magensäureproduktion, des Schlafrhythmus und an der Immunabwehr beteiligt. Schon im Mittelalter wurden Brennnesseln in der Medizin zur Stärkung bei Schwächezuständen und Anämie eingesetzt. Bei Gicht, Rheuma und Leberbeschwerden wurde vor allem Brennnesseltee geschätzt, der nicht nur blutreinigend, sondern auch harntreibend und damit entschlackend wirkt.

Brunnenkresse *(Nasturtium officinale)*

Die Brunnenkresse wächst an sauberen Bächen und Quellen, in Gräben und langsam fließenden Gewässern. Sie wird 20–50 Zentimeter hoch, die Blätter sind tiefgrün, die Stängel sind hohl. Die Blüten sind weiß mit vier Blütenblättern, die Staubbeutel gelb. Die Blätter schmecken scharf wie Rettich, und beim Zerreiben riecht die Brunnenkresse nach Meerrettich.

Die grün überwinternde Pflanze kann das ganze Jahr über geerntet werden, die beste Sammelzeit ist jedoch zwischen April und September. Nehmen Sie Blätter von Pflanzen, die noch nicht blühen, sie sind nicht so bitter. Brunnenkresse sollte vor dem Verzehr immer gründlich gewaschen werden, da die Larven von Leberegeln an den Unterseiten der Blätter haften können. Diese sind aber gut sichtbar. Noch ein Tipp: In der Nähe von Kuh- oder Schafweiden sollten Sie auf's Ernten von Brunnenkresse verzichten, da Wiederkäuer die Zwischenwirte für die Leberegel sind.

Verwechslungsgefahr: Das Bittere Schaumkraut wächst an den gleichen Stellen und sieht ähnlich aus. Die Staubbeutel des Bitteren Schaumkrauts sind allerdings lila statt gelb und die Stängel sind nicht hohl wie bei der Brunnenkresse. Eine Verwechslung ist unproblematisch, da das Bittere Schaumkraut essbar ist, und ähnlich wie Brunnenkresse schmeckt und wirkt.

Wirkung: Brunnenkresse regt die Verdauung an, wirkt blutreinigend und entschlackend, ist reich an Vitamin C und D und Provitamin A und enthält unter anderem die Mineralstoffe Eisen und Kalium und sehr viele Senfölglykoside. Letztere gehören zu den Glykosiden, organischen Verbindungen aus Zucker- und Nicht-Zuckeranteilen, die sich je nach Art in ihrer Wirkung stark unterscheiden. Senfölglykoside wirken antibakteriell und harntreibend. Deshalb wird Brunnenkresse oft bei Gicht sowie bei

Nieren- und Blasenleiden eingesetzt. Zu viel auf einmal sollten Sie von der rohen Pflanze aber nicht essen, denn sonst kann es zu Blasen- und Nierenreizungen sowie zu Reizungen der Magenschleimhaut kommen.

Giersch *(Aegopodium podagraria)*

Giersch wächst an Waldrändern und Ufern, in Parkanlagen und vielen Gärten. Wegen seiner verzweigten, stark wuchernden Wurzeln und seiner schnellen Ausbreitung gilt er bei vielen Gartenbesitzern als kaum ausrottbares Unkraut. Giersch wird 50 – 90 Zentimeter hoch, die dreiteiligen Fiederblätter wachsen einzeln aus dem Boden und sind wiederum dreifach eingeschnitten. Der Blattrand ist gezähnt. Der Stängel der Pflanze ist im Querschnitt dreieckig – dies ist ein sicheres Erkennungszeichen. Die Doldenblüte treibt erst im Juni und ist weiß, selten auch rosa. Zerreiben Sie die Blätter, riechen sie nach Petersilie, auch der Geschmack erinnert daran – ein weiteres eindeutiges Merkmal, dass es sich um Giersch handelt. Wer Giersch im Garten hat, sollte aus der Not eine Tugend machen und die Blätter immer kurz halten. So hat er von Mai bis September stets junge Blätter für Gemüse und Salate zur Verfügung.

Verwechslungsgefahr: Unter anderem besteht Verwechslungsgefahr mit dem sehr giftigen Wasserschierling. Der Geruch nach Petersilie und der dreieckige Stängel sind sichere Erkennungszeichen für den Giersch. Wer aber unsicher ist, sollte auf den Genuss dieser Pflanze verzichten.

Wirkung: Giersch, der auch Geißfuß, Gicht- oder Zipperleinskraut genannt wird, wurde schon von alters her als Gemüse- und Heilpflanze genutzt. Wie die Namen schon andeuten, hilft er wegen seiner entgiftenden Wirkung bei Gicht und Rheuma. Außerdem wirkt er entkrampfend, hustenlösend und wasserausscheidend. Er ist reich an Provitamin A und Vitamin C, enthält unter anderem ätherische Öle und Mineralsalze. Der frische Stängelsaft hilft auch bei juckenden Insektenstichen.

Löwenzahn *(Taraxacum officinale)*

Löwenzahn wird zwischen 10 und 60 Zentimeter hoch, seine Blätter sind gezähnt und rosettenförmig angeordnet. Die Pflanze hat einen hohlen Stängel und einen gelben Blütenkopf. Sie wächst eigentlich überall. Entgegen dem landläufigen Glauben kann die ganze Pflanze roh gegessen werden, auch die Stängel. Die Blüten eignen sich für Sirup und Gelees, die Blätter können Sie als Salat verwenden und aus den getrockneten Wurzeln wurde in der Nachkriegszeit ein Kaffee-Ersatz hergestellt. Geerntet wird Löwenzahn von April bis November, wobei die Blätter im Laufe des Jahres immer bitterer werden. Die zartesten Blätter sind vor der Blüte zu ernten, die im April beginnt, aber auch im Herbst, wenn die jungen Pflanzen nachwachsen.

Wirkung: Schon seit Jahrtausenden wird die Heilwirkung des Löwenzahns genutzt. Löwenzahn ist das wissenschaftlich am besten erforschte

Wildkraut. Die Blätter enthalten reichlich Vitamin C, B_1, B_2 und E sowie Provitamin A. Löwenzahn enthält außerdem ätherische Öle, Bitterstoffe, Gerbstoffe, Kalium, Calcium, Natrium, Kieselsäure und in den Wurzeln Insulin, das bei Diabetes hilft. Die enthaltenen Gerbstoffe haben eine entzündungshemmende, antibakterielle und anitvirale Wirkung und neutralisieren Giftstoffe. Kieselsäure unterstützt den Aufbau von Haut, Haaren, Nägeln, Zähnen, Knochen und Bindegewebe. Löwenzahn wirkt entschlackend und entwässernd.

Sauerampfer *(Rumex acetosa)*

Sauerampfer wächst bevorzugt auf leicht feuchten Wiesen und Weiden. Die Pflanze wird bis zu 1 Meter hoch, die Stiele sind leicht rötlich mit versetzt übereinander stehenden, pfeilförmigen Blättern, die bis zu 10 Zentimeter lang werden können. Die kleinen Blüten stehen in Rispen und sind erst grün, dann rötlich gefärbt. Die Blätter des Sauerampfers sind essbar und schmecken wie der Name schon sagt richtig sauer. Die beste Erntezeit ist im Frühjahr vor der Blüte. Später im Jahr schmecken die Blätter leicht bitter.

Verwechslungsgefahr: Mögliche Verwechslungen mit anderen Ampferarten sowie dem Säuerling sind unproblematisch, denn diese sind ungiftig.

Wirkung: Der saure Geschmack stammt vom hohen Vitamin-C-Gehalt und von der in den Pflanzenteilen enthaltenen Oxalsäure. Deshalb sollte, wer unter erhöhtem Harnsäurespiegel, an Gicht, Rheuma oder Asthma leidet, auf den Verzehr von rohen Sauerampferblättern verzichten. Auch sonst empfiehlt es sich, nicht über einen längeren Zeitraum große Mengen Sauerampfer roh zu essen, da Oxalsäure in höheren Dosen giftig ist – sie stört den Calciumhaushalt. Eine hohe Zufuhr von Oxalsäure kann die Blutgerinnung beeinträchtigen und erhöht das Harnsteinrisiko. Abgebrühte oder gekochte Blätter gelten dagegen als unbedenklich. Darüber hinaus wirkt Sauerampfer als Tee blutreinigend und entwässernd.

Schafgarbe *(Achillea millefolium)*

Die Schafgarbe wächst auf Wiesen und Weiden, Weg- und Ackerrändern und auf dem Rasen. Aus den vielfiedrigen, krausen Blättchen entwickelt sich ab Mai ein bis zu etwa 1 Meter hoher zylindrischer Stängel, der ebenfalls gefiederte Blättchen trägt. Im Juni bilden sich darauf die kleinen weißen bis zart rosa Blüten in flacher Dolde. Zerreibt man die Blättchen und Blüten zwischen den Fingern duften sie stark aromatisch und moschusartig. Am besten schmecken die zarten Blätter noch vor der Blüte. Für Tee können Sie die Pflanzen mit Blüte von Mai bis Oktober sammeln.

Verwechslungsgefahr: Eine Verwechslung ist beispielsweise mit Kamille möglich. Diese hat aber gelbe Blüten und einen ganz anderen Geruch. Eine größere Gefahr geht von anderen giftigen Doldenblütlern aus. Wer sich nicht sicher ist, sollte lieber die Finger von der Schafgarbe lassen.

Wirkung: Schafgarbe wird schon lange wegen ihrer entzündungshemmenden, stärkenden, blutdrucksenkenden, entkrampfenden und antiseptischen Wirkung als Heilpflanze geschätzt. Sie enthält unter anderem Bitter- und Gerbstoffe, ätherische Öle, Phosphor, Kalium und Pektin. Letzteres senkt den Cholesterinwert im Blut, wirkt entgiftend bei Schwermetallvergiftungen und gegen Durchfall. Doch Vorsicht! Die Öle der Schafgarbe können in hoher Dosis ebenso wie der Saft auf der Haut im Zusammenwirken mit direkter Sonneneinstrahlung bei empfindlichen Menschen zu erhöhter Lichtempfindlichkeit beziehungsweise zu Lichtreaktionen auf der Haut führen. Schwangere sollten auf den Genuss von Schafgarbe ganz verzichten.

Scharbockskraut *(Ranunculus ficaria)*

Das Scharbockskraut wächst in Laubmischwäldern, in Parkanlagen und nicht selten im eigenen Garten. Es gehört im Frühjahr zu den ersten Wildkräutern, die aus dem Boden sprießen und ist nicht selten schon im Februar zu ernten. Die Blätter sind herzförmig, grün-glänzend, auf der Oberseite dunkelgrün, auf der Unterseite von einem dichten Netz von Blattadern durchzogen, die Blüten glänzen gelb. Nach der Blüte im Mai ziehen sich wie beim Bärlauch sämtliche oberirdischen Pflanzenteile zurück. Gesammelt werden die jungen Blätter noch vor der Blüte, da sich danach wie bei allen Hahnenfußgewächsen verstärkt der Giftstoff Protoanemonin in den Blättern einlagert, der den Blättern einen scharf-brennenden Geschmack verleiht.

Verwechslungsgefahr: Zu der Zeit, in der Scharbockskraut gesammelt wird, gibt es noch keine Verwechslungsmöglichkeit. Zusätzlich dienen die Wurzelknolle der Pflanze, die wie ein eingelegtes Weizenkorn aussieht, und die glänzenden Blätter als sicheres Erkennungsmerkmal.

Wirkung: Schon der Name deutet darauf hin, dass die Pflanze früher als Heilmittel gegen Skorbut, der im Volksmund auch als Scharbock bekannt war, eingesetzt wurde, da sie dieser Mangelerscheinung mit reichlich Vitamin C entgegenwirkt. Zudem enthält sie ätherische Öle und Protoanemonin. Dieses wirkt gegen Pilze und Bakterien, beeinflusst aber auch das Nervensystem und kann Reizungen der Haut und Schleimhäute hervorrufen. Bei Überdosierung kann es zu Erbrechen, Durchfall, Schwindelanfällen, Krämpfen und Lähmungserscheinungen kommen. Deshalb sollten Sie auf keinen Fall mehr als eine Hand voll Scharbockskraut pro Person und Portion auf einmal roh essen. Getrocknet verliert dieser Stoff allerdings seine Wirkung, weshalb er getrost in getrockneter Form auch in größeren Mengen als Tee verwendet werden kann. Scharbockskraut wirkt blut- und hautreinigend.

Taubnessel *(Lamium album)*

Die Taubnessel wächst an Wald- und Wegrändern, Schutthalden, in Gräben und an Zäunen. Die weiße Taubnessel kommt am häufigsten vor und wird nicht so hoch wie Brennnesseln. Sie hat aufrechte vierkantige Stängel, herzförmige Blättchen, die stark gezahnt sind. Die Blüten sind je nach Art weiß, gelb oder rosarot, stehen ringförmig in »Etagen« um den Stängel und schmecken nach Honig. Vor der Blüte können Sie sie mit der Brennnessel verwechseln, sie brennt aber nicht, da sie zwar Härchen, aber keine Nesselzellen besitzt. Ab April können Sie die Blättchen und Triebe ernten, die Sie wie die Brennnessel verwenden können. Sie schmecken jedoch milder, haben aber auch nicht deren Vitaminreichtum.

Verwechslungsgefahr: Eine Verwechslung ist mit der Brennnessel oder mit dem Hohlzahn möglich, was aber unproblematisch ist, da diese essbar sind.

Wirkung: Taubnesseln werden bei Magen- und Darmbeschwerden und gegen Frauenleiden in den Wechseljahren positive Wirkungen zugeschrieben. Als Tee getrunken helfen sie gegen Schlaflosigkeit. Sie enthalten unter anderem Aminosäuren, Gerbstoffe, Glykoside und ätherische Öle. Letztere wirken wie die Gerbstoffe entzündungshemmend und antibakteriell. Aminosäuren dienen dem Zellaufbau, sind Energielieferanten und Baustoffe des körpereigenen Abwehrsystems und wirken verdauungsfördernd. Die in Taubnesseln enthaltenen Flavonglykoside wirken krampflösend.

Waldmeister *(Galium odoratum)*

Waldmeister wächst im Mai und wird deshalb auch Maikraut genannt. Er findet sich in großen Kolonien in Buchen- und Laubmischwäldern, aber auch unter Sträuchern im Garten. Die Pflanze hat einen vierkantigen, aufrechten Stängel, die Blätter sind dunkelgrün und stehen in Sechser- bis Neunergruppen um den Stängel. Die Blüten sind weiß und stehen in doldenähnlichen Blütenständen. Die Pflanze wird vor und während der Blüte (Mai–Juni) gesammelt. Das typische Waldmeisteraroma entsteht erst beim Trocknen der Pflanze und heißt Cumarin. Sie müssen den Waldmeister erst ein paar Stunden antrocknen lassen, bevor er verwendet werden kann. Die berühmte Maibowle wird ebenso wie grüne Götterspeise mit Waldmeister zubereitet. Waldmeister findet übrigens auch in der Parfümherstellung Verwendung.

Verwechslungsgefahr: Verwechslungsgefahr besteht mit anderen Labkrautarten wie dem Wald- oder dem Kletten-Labkraut. Das ist unproblematisch, da diese essbar sind.

Wirkung: Waldmeister wirkt harn- und schweißtreibend und entschlackend. Ein Tee aus der getrockneten Pflanze soll als Schlafmittel wirken. Aber Vorsicht! Das im Waldmeister enthaltene Cumarin kann in hoher Dosierung Kopfschmerzen verursachen.

Wegrauke *(Sisymbrium officinale)*

Die Wegrauke ist bei uns besser unter ihrem italienischen Namen Rucola bekannt. Sie wächst an Wegen, in Gräben, an Dämmen und Uferböschungen. Die Pflanze wird 30 – 60 Zentimeter hoch, die Blätter sind fiedrig gespalten, mit speerartigen Spitzen. Am Ende eines Stängels bilden sich mehrere kleine hellgelbe Blüten. Von der Pflanze können Sie die jungen Blätter essen, die je nach Standort mehr oder weniger scharf schmecken. Sammeln Sie die Blätter von Mai bis Oktober, wobei die Blätter vor der Blüte weniger scharf schmecken.

Verwechslungsgefahr: Eine Verwechslung mit anderen gelb blühenden Kreuzblütlern wie etwa Winterkresse ist möglich. Diese ist aber auch essbar.

Wirkung: Ein Saft zum Gurgeln aus Rucola hilft gegen Heiserkeit und Halsschmerzen. Er gilt als verdauungsfördernd und entwässernd. Wegen ihres hohen Vitamin-C-Gehalts wurde die Pflanze schon im Mittelalter gegen Skorbut gegessen. Daneben enthält sie Gerbstoffe und Senfölglykoside.

Vorratshaltung

Wildkräuter sollten möglichst frisch verzehrt werden. Sie in ein Glas mit Wasser zu stellen, ist keine geeignete Methode, um sie länger aufzubewahren. In einer Plastikdose mit Deckel überstehen die Kräuter sogar eine Nacht im Kühlschrank unbeschadet. Sie können die Kräuter auch mit etwas Wasser besprengen und locker in einen Gefrierbeutel füllen, die Tüte gut verschließen und ins Gemüsefach des Kühlschranks legen. Große Kräutermengen können Sie in ein feuchtes Tuch (gut auswringen) geben und ebenfalls kühl lagern.

Wollen Sie Kräuter länger aufheben oder das ganze Jahr über genießen, ist Einfrieren eine Möglichkeit. Dazu werden die Blätter der Pflanze gründlich gewaschen, gut trockengeschüttelt und grob oder fein gehackt. Frieren Sie die Kräuter ein, indem Sie sie in saubere Gläser mit Schraubverschluss oder in kleine Plastikdosen mit Deckel verpacken. Sie können auf diese Weise übrigens nicht nur eine Sorte einfrieren, sondern gleich verschiedene Kräutermischungen fertig zusammenstellen. Um etwa die richtigen Portionen zum Verfeinern von Suppen, Saucen oder Gemüsen parat zu haben, frieren Sie die Kräuter als Würfel ein. Dazu geben Sie die fein gehackten Kräuter mit etwas Wasser in einen Eiswürfelbehälter und legen ihn in die Gefriertruhe. Am nächsten Tag nehmen Sie den Eiswürfelbehälter aus der Truhe, legen ein heißes Tuch darauf und lösen die gefrorenen Kräuterwürfel heraus. Packen Sie diese sofort wieder in eine Gefriertüte und in die Gefriertruhe zurück.

Eine andere Möglichkeit der Konservierung ist, die Kräuter in Öl oder Essig einzulegen. Dazu werden die Kräuter gewaschen, sehr gut trockengeschüttelt, eventuell mit Küchenkrepp noch trockengetupft, denn es darf kein Wasser mehr an den Blättern haften. Danach schneiden Sie sie in Streifen oder zerkleinern sie grob. Geben Sie sie in saubere Flaschen oder Gläser und füllen Sie diese mit Öl beziehungsweise Essig auf. Sie sollten die Gläser an einem kühlen und dunklen Ort lagern. Auch als Pesto (siehe Seite 136) können Sie Bärlauch oder Rucola einige Zeit im Kühlschrank aufbewahren.

Bärlauch kann auch in Salz eingelegt haltbar gemacht werden. Dazu benötigt man etwa 1 Kilogramm Salz für etwa 350 Gramm Bärlauch. Dazu schichten Sie den gewaschenen und gut abgetrockneten Bärlauch abwechselnd mit dem Salz in saubere Gläser mit Schraubverschluss.

Suppen

Brunnenkressesuppe mit Ei

Zubereitungszeit:
etwa 35 Minuten

- **1 Ei**
- **2 Zwiebeln**
- **3–4 Hand voll Brunnenkresse**
- **2 EL Öl**
- **1 l Geflügelbrühe**
- **100 g Suppennudeln**
- **Salz**
- **Pfeffer**

1 Ei in kochendem Wasser in etwa 10 Minuten hart kochen, abschrecken und abkühlen lassen.

2 Zwiebeln schälen, halbieren und in feine Streifen schneiden. Brunnenkresse waschen, trockenschütteln und grob hacken.

3 Das Öl in einem großen Topf erhitzen. Zwiebeln und Brunnenkresse darin andünsten. Brühe angießen, salzen und pfeffern sowie aufkochen und bei mittlerer Hitze etwa 20 Minuten köcheln lassen.

4 Die Suppennudeln hinzugeben und in 3–5 Minuten bissfest garen.

5 Inzwischen das Ei pellen und fein hacken. Die Suppe mit dem Ei garniert servieren.

Brunnenkresse wächst an Bachläufen oder an seichten Stellen in Teichen. Sie schmeckt pikanter als Gartenkresse und hat einen hohen Eisengehalt.

Mein Tipp:

Bärlauch-Brot-Suppe

1 Schwarzbrot in kleine Würfel schneiden. Bärlauch waschen, trockenschütteln und in dünne Streifen schneiden.

2 Das Öl in einer Pfanne erhitzen. Das Brot in 2–3 Minuten darin goldbraun braten, den Bärlauch hinzugeben und bei mittlerer Hitze unter Rühren etwa 5 Minuten mitbraten.

3 Brot-Bärlauch-Mischung auf 4 Suppenteller verteilen. Gemüsebrühe erhitzen, mit Salz und Pfeffer abschmecken und über die Brotwürfel schöpfen. Sofort servieren.

Mein Tipp:

Zubereitungszeit:
etwa 15 Minuten

4–5 Scheiben altes Schwarzbrot

1 Hand voll Bärlauchblätter

3–4 EL Olivenöl

1 l Gemüsebrühe

Salz

Pfeffer

Brennnesselsuppe einfach

1 Brennnesseln verlesen und gründlich waschen.

2 Die Zwiebel schälen und fein hacken. Butter in einem Topf zerlassen. Zwiebel darin glasig dünsten und mit Mehl bestäuben, kurz anschwitzen und mit der Brühe aufgießen. Aufkochen lassen und Brennnesseln zugeben. 10–15 Minuten köcheln lassen, mit Salz und Pfeffer abschmecken. Je nach Geschmack mit Sauerrahm servieren.

Verwenden Sie nur junge Brennnesselblätter, diese brennen noch nicht. Auf der sicheren Seite sind Sie jedoch, wenn Sie zum Pflücken und Verarbeiten der Brennnesseln Gummihandschuhe tragen.

Mein Tipp:

Zubereitungszeit:
30–35 Minuten

6 Hand voll junge Brennnesseln

1 große Zwiebel

1½ EL Butter

1½ EL Mehl

¾ l Fleischbrühe

Salz

Pfeffer

3 EL Sauerrahm (nach Belieben)

Südtiroler Brunnenkresssuppe

Zubereitungszeit:
15 – 20 Minuten

½ Zwiebel
30 g Butter
75 ml trockener Weißwein
½ l Fleischbrühe
80 g Brunnenkresse
⅛ l Sahne
3 Eigelb
Salz
wenig Zitronensaft

1 Zwiebel schälen und fein hacken. Butter in einem Topf zerlassen und Zwiebel darin dünsten. Weißwein und Brühe angießen, das Ganze aufkochen lassen.

2 Inzwischen die Kresse verlesen, waschen, trockenschütteln und die Blättchen zur Suppe geben. Mit dem Stabmixer pürieren.

3 Die Sahne mit den Eigelben verquirlen und mit dem Schneebesen in die Suppe rühren. Erhitzen, aber nicht mehr kochen lassen, da die Suppe sonst gerinnt. Mit Salz und etwas Zitronensaft abschmecken und sofort servieren.

Wer möchte, kann zur Tiroler Brunnenkressesuppe auch geröstete Weißbrotwürfel servieren.

Mein Tipp:

____

____

____

____

Avocado-Spargel-Suppe mit Sauerampfer

Zubereitungszeit:
etwa 30 Minuten

¾ kg weißer Spargel

¾ l Gemüsebrühe

1 Avocado

4 EL Crème fraîche

2 EL Zitronensaft

Salz

Pfeffer

3 – 4 Sauerampferstängel

1 Spargel schälen, holzige Enden abschneiden. Spargelspitzen in etwa 3 Zentimeter Länge abschneiden, restlichen Spargel in etwa 1 Zentimeter lange Stücke schneiden.

2 Brühe in einem Topf erhitzen, Spargelstücke darin in etwa 10 – 12 Minuten weich kochen.

3 Inzwischen die Avocado schälen, halbieren, den Kern entfernen und das Fruchtfleisch würfeln. Zur Suppe geben und mit dem Mixer pürieren. Spargelspitzen hinzugeben und etwa 5 Minuten garen. Crème fraîche und Zitronensaft einrühren und mit Salz und Pfeffer abschmecken.

4 Sauerampfer verlesen, waschen und die Blätter in feine Streifen schneiden. Suppe in Teller anrichten und mit dem Sauerampfer bestreut servieren.

Die im Sauerampfer enthaltene Oxalsäure macht sich beim Essen bemerkbar. Sie erzeugt ein leicht taubes Gefühl auf der Zunge. Mit seinem zitronenähnlichen Geschmack ist der Sauerampfer vor allem in Frankreich sehr beliebt.

Mein Tipp:

Brennesselsuppe mit Weißbrotwürfeln

Zubereitungszeit:
40 – 45 Minuten

8 Hand voll Brennnesseln
1 Zwiebel
1 Knoblauchzehe
3 EL Butter
¾ l Rinderbrühe
2 EL Mehl
¼ l Milch
2 Scheiben Weißbrot
Salz
frisch gemahlener Pfeffer
4 EL saure Sahne

1 Brennnesseln verlesen, kurz überbrühen (dann brennen sie nicht mehr), gründlich waschen und klein schneiden. Zwiebel und Knoblauch schälen und fein würfeln.

2 2 Esslöffel Butter in einem großen Topf erhitzen, Zwiebel und Knoblauch darin bei mittlerer Hitze dünsten, bis sie glasig sind.

3 Die Brennnesseln pürieren, beigeben und kurz mitdünsten. Mit Gemüsebrühe unter Rühren nach und nach aufgießen.

4 Mehl darüber stäuben und Milch langsam mit einem Schneebesen einrühren. Alles etwa 15 Minuten köcheln lassen. Mit Salz und Pfeffer abschmecken.

5 Inzwischen Weißbrotscheiben in kleine Würfel schneiden. In einer Pfanne die restliche Butter erhitzen und die Brotwürfel darin goldbraun anbraten.

6 In Suppentellern angerichtet und mit saurer Sahne und Brotwürfeln garniert servieren.

Mein Tipp:

Kartoffel-Tomaten-Suppe mit Rucola

1 Zwiebel und Knoblauch schälen und fein hacken. Kartoffeln schälen, waschen und in kleine Würfel schneiden. Tomaten klein schneiden, Saft auffangen und beiseite stellen.

2 Öl in einem großen Topf erhitzen. Zwiebel, Knoblauch und Kartoffeln darin andünsten. Tomaten hinzugeben und kurz mitdünsten. Tomatensaft und Brühe angießen und zugedeckt bei mittlerer Hitze etwa 20 Minuten köcheln lassen.

3 Zwischenzeitlich den Rucola waschen, trockenschütteln und fein hacken.

4 Die Suppe mit dem Mixstab pürieren. Sahne unterrühren und kurz aufkochen lassen. Rucola in die Suppe geben und mit Salz, Pfeffer und Zucker abschmecken.

Mein Tipp:

Zubereitungszeit:
etwa 35 Minuten

1 Zwiebel

1 Knoblauchzehe

150 g mehlig kochende Kartoffeln

1 Dose Tomaten (à 400 g)

2 EL Öl

¾ l Gemüsebrühe

125 g Rucola

150 ml Sahne

Salz

Pfeffer

1 Prise Zucker

Kartoffelsuppe mit Bärlauch

Zubereitungszeit:
35 – 40 Minuten

250 g mehlig kochende Kartoffeln

100 g Zwiebeln

50 g Bärlauchblätter

40 g Butter

700 ml Gemüsebrühe

100 ml Sahne

Salz

Pfeffer

1 Prise frisch geriebene Muskatnuss

1 Kartoffeln schälen, waschen und klein würfeln. Zwiebeln schälen und fein hacken, Bärlauch waschen, trockenschütteln und in feine Streifen schneiden. 2 – 3 Esslöffel Bärlauchstreifen beiseite stellen.

2 Die Butter in einem großen Topf erhitzen, Zwiebeln und Bärlauch darin etwa 4 – 5 Minuten andünsten. Mit der Gemüsebrühe aufgießen, Kartoffeln hinzugeben, aufkochen und etwa 10 – 15 Minuten köcheln lassen, bis die Kartoffeln weich sind. Mit dem Stabmixer pürieren.

3 Sahne zugeben, erneut aufkochen lassen, mit Salz, Pfeffer und Muskat abschmecken. Mit den übrigen Bärlauchstreifen garniert servieren.

Mein Tipp:

____

____

Sauerampfersuppe

Zubereitungszeit:
etwa 20 Minuten

6 Hand voll Sauerampfer

2 EL Butter

800 ml Fleischbrühe

2 gekochte Kartoffeln

Salz

Pfeffer

4 EL Crème fraîche

1 Sauerampfer gründlich waschen, Stiele und eventuell Mittelrippen entfernen, die Blättchen grob hacken.

2 Butter im Topf zerlassen und Sauerampfer darin andünsten. Mit der Brühe aufgießen und zum Kochen bringen.

3 Kartoffel schälen, klein würfeln und zugeben, salzen und pfeffern. Etwa 10 Minuten köcheln lassen. Crème fraîche hinzugeben.

Sie können auch noch ein Ei verquirlen und zum Schluss in die Suppe rühren. Dann aber sollten Sie die Suppe nicht mehr kochen lassen, sonst flockt das Ei aus.

Mein Tipp:

____

____

Bärlauch-Dinkel-Suppe

1 Den Dinkel über Nacht mit Wasser bedeckt einweichen.

2 Dinkel abseihen und in einem Topf mit Salzwasser in etwa 45 Minuten gar kochen.

3 Inzwischen den Bärlauch waschen, trockenschütteln und in feine Streifen schneiden. Die Karotte schälen und in Scheibchen schneiden. Lauch putzen, der Länge nach einschneiden, waschen und in 1 – 1½ Zentimeter große Stücke schneiden.

4 Das Öl in einem großen Topf erhitzen, Lauch, Karotte und Bärlauch hinzugeben und etwa 5 Minuten andünsten. Mit Brühe und Sahne aufgießen. Etwa 20 – 25 Minuten bei geringer Hitze köcheln lassen.

5 Dinkel in ein Sieb abgießen, in die Suppe geben und mit Salz, Pfeffer und Muskat abschmecken.

Sie können auch ⅓ des Bärlauchs durch Brennnessel- oder Gierschblätter ersetzen.

Zubereitungszeit:
etwa 45 Minuten

2 EL Dinkel

Salz

3 Hand voll Bärlauchblätter

1 Karotte

1 kleiner Lauch

1 EL Öl

¾ l Gemüsebrühe

¼ l Sahne

Pfeffer

1 Prise frisch gemahlene Muskatnuss

Mein Tipp:

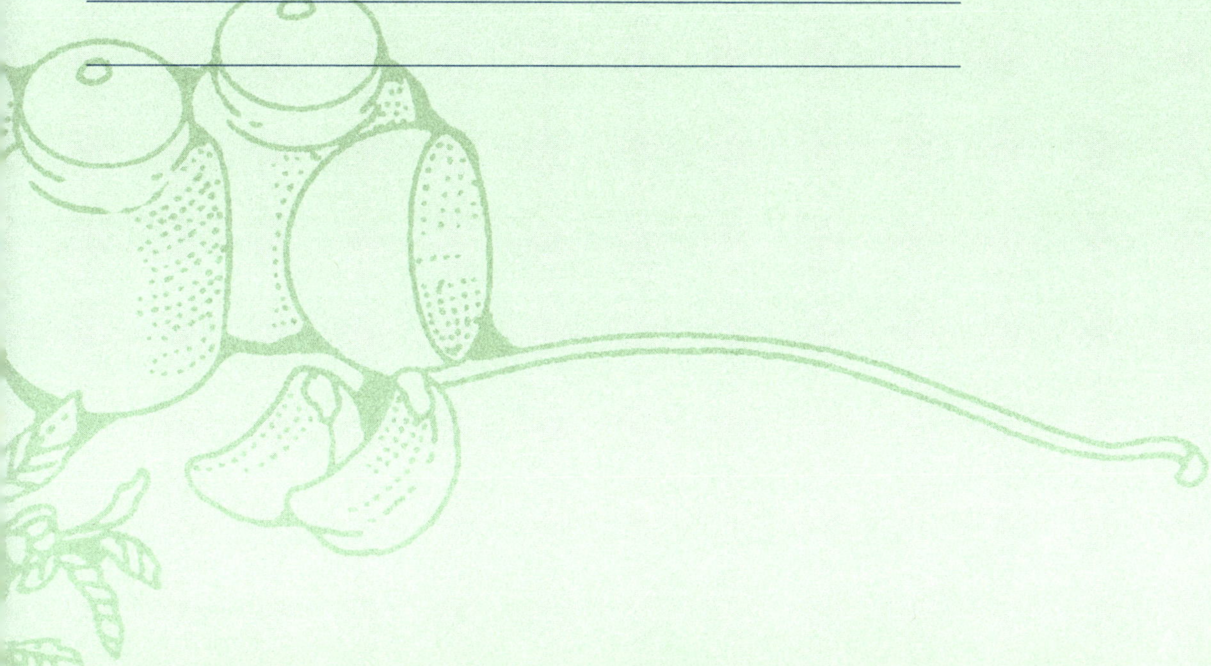

Wildkräuter-Lauch-Suppe

Zubereitungszeit:
etwa 25 Minuten

½ kg Lauch

250 g mehlig kochende Kartoffeln

1 EL Butter

1 l Gemüsebrühe

350 g Wildkräuter (zum Beispiel Sauerampfer, Löwenzahn, Brennnesseln, Giersch, Rucola, Bärlauch)

Salz

Pfeffer

1 Lauch in Ringe schneiden, in ein Sieb geben und gründlich abspülen, abtropfen lassen. Kartoffeln schälen, waschen und in kleine Würfel schneiden.

2 Die Butter in einem großen Topf erhitzen, Lauch und Kartoffeln darin unter Rühren etwa 2 Minuten andünsten. Die Brühe angießen und alles aufkochen lassen. Die Suppe zugedeckt etwa 15 Minuten garen.

3 Inzwischen die Wildkräuter waschen, trockenschleudern und ohne die groben Stiele fein hacken. Die Kräuter zur Suppe geben und diese mit Salz und Pfeffer gewürzt servieren.

Mein Tipp:

Bärlauch-Brennnessel-Suppe mit Schinken

Zubereitungszeit:
15 – 20 Minuten

100 g Brennnesseln

½ l Fleischbrühe

Salz

Pfeffer

100 g hauchdünn geschnittener roher Schinken

6 – 8 Bärlauchblätter

1 Brennnesseln kurz überbrühen (damit sie nicht mehr brennen), verlesen, waschen und in feine Streifen schneiden. Fleischbrühe in einem Topf erhitzen. Brennnesseln zugeben und 5 – 8 Minuten bei geringer Hitze garen. Mit Salz und Pfeffer abschmecken.

2 Inzwischen den Schinken in schmale Streifen schneiden. Den Bärlauch waschen, trockenschütteln und fein hacken.

3 Die Suppe auf 4 Teller verteilen und jeweils mit dem Bärlauch garnieren.

Mein Tipp:

Gierschpfannkuchen in Fleischbrühe

1 Giersch waschen, trockenschütteln und dicke Stiele entfernen. In einem Topf etwas Wasser aufkochen, Giersch darin 1–2 Minuten blanchieren. In ein Sieb abgießen, kalt abspülen, gut abtropfen lassen und fein hacken.

2 Aus Mehl, etwas Salz, Milch und Eiern einen Pfannkuchenteig rühren. Giersch hinzugeben und unterrühren.

3 1–2 Esslöffel Öl in einer Pfanne erhitzen und mit einer Schöpfkelle etwas Teig dünn in die Pfanne laufen lassen. Die Unterseite 2–3 Minuten goldbraun backen, Pfannkuchen wenden und in etwa 2 Minuten fertig backen. Aus der Pfanne nehmen und abkühlen lassen. So fortfahren, bis der gesamte Teig aufgebraucht ist.

4 Die Fleischbrühe erhitzen, eventuell mit Salz und Pfeffer abschmecken. Schnittlauch waschen, trockenschütteln und in feine Röllchen schneiden.

5 Gierschpfannkuchen in feine Streifen schneiden, auf 4 Suppenteller verteilen und mit der Fleischbrühe begießen. Mit Schnittlauch bestreut servieren.

Giersch können Sie für alle Gerichte verwenden, die normalerweise mit Spinat zubereitet werden. Geschmack und Konsistenz sind nahezu identisch.

Mein Tipp:

Zubereitungszeit:
etwa 30 Minuten

2 Hand voll Gierschblätter

125 g Mehl

Salz

¼ l Milch

2 Eier

1 l Fleischbrühe

Pfeffer

½ Bund Schnittlauch

reichlich Öl zum Ausbacken

Kalte Gurkensuppe mit Rucola und Bärlauch

Zubereitungszeit:
etwa 25 Minuten

2 Salatgurken

je 2 – 3 Hand voll Rucola und Bärlauch

600 g Sahnejoghurt (10 %)

4 TL Zucker

Saft von ½ Zitrone

Salz

Pfeffer

1 Gurken schälen, halbieren und mit einem Löffel entkernen. Eine halbe Gurke in Würfel schneiden und beiseite stellen. Den Rest der Gurken fein raspeln.

2 Rucola und Bärlauch waschen und trockenschleudern. Einige Blättchen für die Garnitur beiseite legen, restliche Kräuter fein hacken. Joghurt in eine Schüssel geben und mit der geriebenen Gurke und den gehackten Kräutern vermengen. Mit dem Mixstab pürieren.

3 Mit Zucker, Zitronensaft, Salz und Pfeffer abschmecken. Gewürfelte Gurken unter den Joghurt rühren und für etwa 30 Minuten kühl stellen. Mit den übrigen Kräutern garniert servieren.

Mein Tipp:

Spargelsuppe mit Brunnenkresse

1 Spargel waschen, schälen, holzige Enden abschneiden. Spargelschalen und die abgeschnittenen Spargelenden mit 1½ Liter Wasser und 1 Teelöffel Salz in einem großen Topf etwa 20 – 30 Minuten kochen.

2 Spargelstangen in feine Scheiben schneiden. Spargelspitzen in etwa 3 Zentimeter Länge abschneiden. Spargelfond durch ein Sieb in einen Topf abgießen. Spargelspitzen darin in 5 – 7 Minuten bissfest garen und beiseite stellen.

3 Schalotten schälen und fein hacken. Butter in einem großen Topf erhitzen und Schalotten darin glasig dünsten.

4 Mit ¼ Liter Spargelfond aufgießen, Spargelscheiben, Zucker und Brühe dazugeben. 15 – 20 Minuten köcheln lassen. Mit einem Stabmixer pürieren, eventuell noch durch ein Sieb streichen. Speisestärke mit etwas Wasser glatt rühren und mit dem Schneebesen unter die Suppe schlagen. Sahne zugießen und unterrühren. Das Ganze aufkochen lassen.

5 Eiskalte Butter in die Suppe geben und mit dem Stabmixer schaumig durchschlagen. Mit Salz, Pfeffer und Muskat abschmecken.

6 Spargelspitzen in die Suppe geben und kurz erwärmen. Brunnenkresse waschen, trockenschleudern und Blättchen in feine Streifen schneiden. Suppe mit Brunnenkresse bestreuen und servieren.

Mein Tipp:

Zubereitungszeit:
etwa 1 Stunde

1 kg weißer Spargel

Salz

4 Schalotten

1 EL Butter

1 TL Gemüsebrühe

2 TL Zucker

1 TL Speisestärke

200 ml Sahne

1 EL eiskalte Butter

weißer Pfeffer

1 Messerspitze gemahlene Muskatnuss

1 Hand voll Brunnenkresse

Wildkräutercremesuppe mit Bärlauch

Zubereitungszeit:
etwa 30 Minuten

3–4 Hand voll gemischte Wildkräuter (zum Beispiel Brennnesseln, Taubnesseln, Löwenzahn, Schafgarbe)

8 Bärlauchblätter

1 Zwiebel

1 EL Öl

¾ l Gemüsebrühe

4 EL saure Sahne

Salz

Pfeffer

1 Prise frisch gemahlene Muskatnuss

1 Wildkräuter verlesen, waschen, trockenschleudern und grob hacken. Bärlauch waschen, trockenschütteln und ohne Stiele in feine Streifen schneiden, beiseite stellen. Zwiebel schälen und fein hacken.

2 Das Öl in einem großen Topf erhitzen. Die Zwiebel darin andünsten, Wildkräuter hinzugeben und kurz mitdünsten. Brühe angießen und Suppe etwa 20 Minuten bei geringer Hitze köcheln lassen.

3 Die Suppe mit dem Mixstab pürieren. Die saure Sahne einrühren, mit Salz, Pfeffer und Muskat abschmecken. Die Suppe mit den Bärlauchstreifen bestreuen und servieren.

Mein Tipp:

Kalte Sauerampfersuppe

Zubereitungszeit:
etwa 25 Minuten

6–7 Hand voll Sauerampferblätter

4 Zwiebeln

¾ l Fleischbrühe

Salz

Pfeffer

Saft von ½ Zitrone

3 sehr frische Eigelb

150 g saure Sahne

1 Sauerampferblätter verlesen, waschen und fein hacken. Zwiebeln schälen und ebenfalls fein hacken. Fleischbrühe in einem Topf mit Sauerampfer und Zwiebeln aufkochen und etwa 15 Minuten bei geringer Hitze ziehen lassen. Mit Salz, Pfeffer und Zitronensaft abschmecken. Suppe abkühlen lassen.

2 Die Eigelbe verquirlen und unter die kalte Suppe rühren. Die Suppe 1–2 Stunden in den Kühlschrank stellen. Vor dem Servieren die saure Sahne einrühren.

Mein Tipp:

Rucolasuppe mit Lachs

1 Fisch kurz waschen, trockentupfen und in etwa 1 Zentimeter große Würfel schneiden. Mit Zitronensaft beträufeln.

2 Rucola verlesen, waschen, trockenschütteln und in Streifen schneiden. Zwiebel schälen und fein würfeln.

3 Das Öl in einem Topf erhitzen und die Zwiebel darin andünsten. Brühe und Wein angießen und aufkochen lassen. Rucola hinzugeben und mit Salz und Pfeffer würzen. 2–3 Minuten bei geringer Hitze köcheln lassen.

4 Inzwischen den Bärlauch waschen, trockenschleudern und fein hacken. Die Sahne mit den Eiern und etwas heißer Suppe verquirlen. Den Topf vom Herd nehmen, die Eiersahne einrühren. Fischstückchen und Bärlauch hinzugeben, kurz ziehen lassen und die Suppe servieren.

Mein Tipp:

Zubereitungszeit:
etwa 20 Minuten

150 g Lachsfilet

2 EL Zitronensaft

150 g Rucola

1 Zwiebel

1 EL Öl

600 ml Gemüsebrühe

⅛ l trockener Weißwein

Salz

weißer Pfeffer

6–8 Bärlauchblätter

⅛ l Sahne

2 Eigelb

Bärlauch-Gemüse-Eintopf

Zubereitungszeit:
etwa 45 Minuten

700 g Kartoffeln
300 g Karotten
¼ Sellerieknolle
¼ l Gemüsebrühe
4 Frühlingszwiebeln
350 g Bärlauchblätter
4 EL Olivenöl
Salz
Pfeffer
4 Paar Debreziner-Würstchen

1 Kartoffeln schälen, waschen und in etwa 1 Zentimeter große Würfel schneiden. Karotten putzen, waschen und in 3 – 4 Millimeter dicke Scheiben schneiden. Sellerie schälen, waschen und klein würfeln.

2 In einem Topf die Gemüsebrühe mit Kartoffeln, Karotten und Sellerie zum Kochen bringen. Bei geringer Hitze zugedeckt etwa 20 – 25 Minuten garen.

3 Inzwischen die Frühlingszwiebeln putzen, waschen und in dünne Ringe schneiden. Bärlauch waschen, trockenschütteln und in feine Streifen schneiden.

4 Das Öl in einer Pfanne erhitzen und Zwiebeln darin glasig dünsten. ⅔ des Bärlauchs hinzugeben und etwa 5 Minuten mitdünsten. Zwiebeln und Bärlauch in den Eintopf geben. Mit Salz und Pfeffer abschmecken.

5 Würstchen in Scheiben schneiden, zum Eintopf geben und kurz erhitzen. Den Eintopf mit dem restlichen Bärlauch bestreut servieren.

Mein Tipp:

Tomatensuppe mit Bärlauchnockerl

Zubereitungszeit:
etwa 1 Stunde

Für die Nockerl:

Salz

50 g Butter

100 g Polentagrieß (Maisgrieß)

2 kleine Eier

2 Hand voll Bärlauch

25 g frisch geriebener Pecorino

Für die Suppe:

½ kg Tomaten

1 große Zwiebel

4 EL Butter

1 EL Mehl

¾ l Gemüsebrühe

100 ml Sahne

Salz

Pfeffer

Zucker

1 Für die Nockerl ¼ Liter Salzwasser in einem Topf mit der Butter zum Kochen bringen. Den Polentagrieß mit einem Schneebesen einrühren und unter Rühren aufkochen. Bei sehr geringer Hitze unter Rühren einige Minuten quellen lassen, bis sich ein Klumpen formt.

2 Polenta in eine Schüssel geben, 1 Ei unter den heißen Brei rühren, etwas abkühlen lassen.

3 Inzwischen Bärlauch waschen, trockenschütteln und fein hacken. Mit dem übrigen Ei und dem Käse unter die Polentamasse mischen.

4 Für die Tomatensuppe die Tomaten waschen, Stielansätze entfernen. Kurz unter kochendes Wasser geben, häuten, klein schneiden und pürieren.

5 Die Zwiebeln schälen und fein würfeln. Butter in einem Topf erhitzen, Zwiebeln darin andünsten. Mehl einstreuen und verrühren.

6 Pürierte Tomaten und Brühe angießen und etwa 20 Minuten köcheln lassen. Sahne beigeben und noch einmal erhitzen. Mit Salz, Pfeffer und Zucker abschmecken.

7 Mit 2 Esslöffeln aus dem Polentabrei kleine Nockerl formen und in die Suppe geben. Die Bärlauchnockerl bei geringer Hitze etwa 10 Minuten in der Suppe ziehen lassen, einmal vorsichtig wenden. Die fertige Suppe sofort servieren.

Die Tomaten sollten richtig reif sein, da sie dann mehr Aroma besitzen. Wenn es schneller gehen soll, verwenden Sie statt der frischen Tomaten einfach Dosentomaten.

Mein Tipp:

Nessel-Giersch-Suppe

Zubereitungszeit:
25 – 30 Minuten

2 Hand voll Taubnesselblätter
2 Hand voll Gierschblätter
1 Zwiebel
1 Knoblauchzehe
3 EL Öl
1 EL Mehl
1 Gemüsebrühwürfel
150 ml Sahne
Salz
Pfeffer
frisch geriebene Muskatnuss

1 Taubnesseln und Giersch waschen. In einem Topf etwa 1 Liter Wasser aufkochen und die Kräuter hinzugeben, 1 – 2 Minuten blanchieren, in ein Sieb abgießen, dabei das Kochwasser auffangen. Die Kräuter kalt abspülen, abtropfen lassen und klein hacken. Zwiebel und Knoblauch schälen, Zwiebel klein würfeln, Knoblauch hacken.

2 Öl in einem Topf erhitzen, Zwiebel und Knoblauch darin andünsten, mit dem Mehl bestäuben und unter Rühren hellgelb anschwitzen. Mit dem Kochwasser aufgießen. Brühwürfel und Kräuter hinzugeben und Suppe bei geringer Hitze 5 Minuten ziehen lassen. Die Sahne einrühren. Mit Salz, Pfeffer und etwas Muskat abschmecken und servieren.

Statt Taubnesselblätter können Sie auch Brennnesseln verwenden.

Mein Tipp:

Fischsuppe mit Bärlauch

Zubereitungszeit:
20 – 25 Minuten

400 g Seelachsfilet
1 Hand voll Bärlauchblätter
800 ml Fisch- oder Gemüsebrühe
200 g Crème fraîche
Salz
Pfeffer
1 – 2 EL Zitronensaft

1 Fisch kurz waschen, trockentupfen und in mundgerechte Stücke schneiden. Bärlauch waschen, trockenschütteln und in feine Streifen schneiden. 2 Esslöffel beiseite stellen.

2 Die Brühe in einem großen Topf erhitzen. Die Fischstücke hineingeben und bei geringer Hitze etwa 5 – 7 Minuten ziehen lassen. Einen Teil der Fischstücke mit einem Schaumlöffel aus der Brühe holen und auf 4 vorgewärmte Suppenteller verteilen.

3 Die Crème fraîche und den Bärlauch in die Suppe geben, mit dem Stabmixer pürieren, mit Salz, Pfeffer und Zitronensaft abschmecken. Die Fischsuppe über den Fisch in die Teller geben und mit Bärlauchstreifen garniert servieren.

Mein Tipp:

Chinesische Hühnersuppe mit Brunnenkresse

1 Pilze 1–2 Stunden in Wasser einweichen. Tofu in Würfel schneiden. Karotten putzen und in etwa 3 Zentimeter lange dünne Streifen schneiden.

2 Fleisch kurz waschen, trockentupfen und in 6 – 8 Millimeter breite Streifen schneiden. Aus Reiswein, Salz, Pfeffer, Sojasauce, ½ Esslöffel Speisestärke und Öl eine Marinade rühren. Über das Fleisch geben und etwa 30 Minuten ruhen lassen.

3 Geflügelbrühe in einem Topf erhitzen und mit Tomatenmark, Essig, Zucker und Sambal Oelek pikant abschmecken. Karotten hinzugeben und etwa 5 Minuten köcheln lassen. Pilze ausdrücken und eventuell durchschneiden. Sojasprossen in ein Sieb abgießen. Beides mit dem Tofu in die Suppe geben und weitere 3–4 Minuten garen.

4 Restliche Speisestärke mit etwas kaltem Wasser verrühren und in die Suppe geben. Aufkochen lassen, Hühnerfleisch zugeben und einige Minuten garen.

5 Brunnenkresse waschen und grob hacken. Über die Suppe geben und servieren.

Mein Tipp:

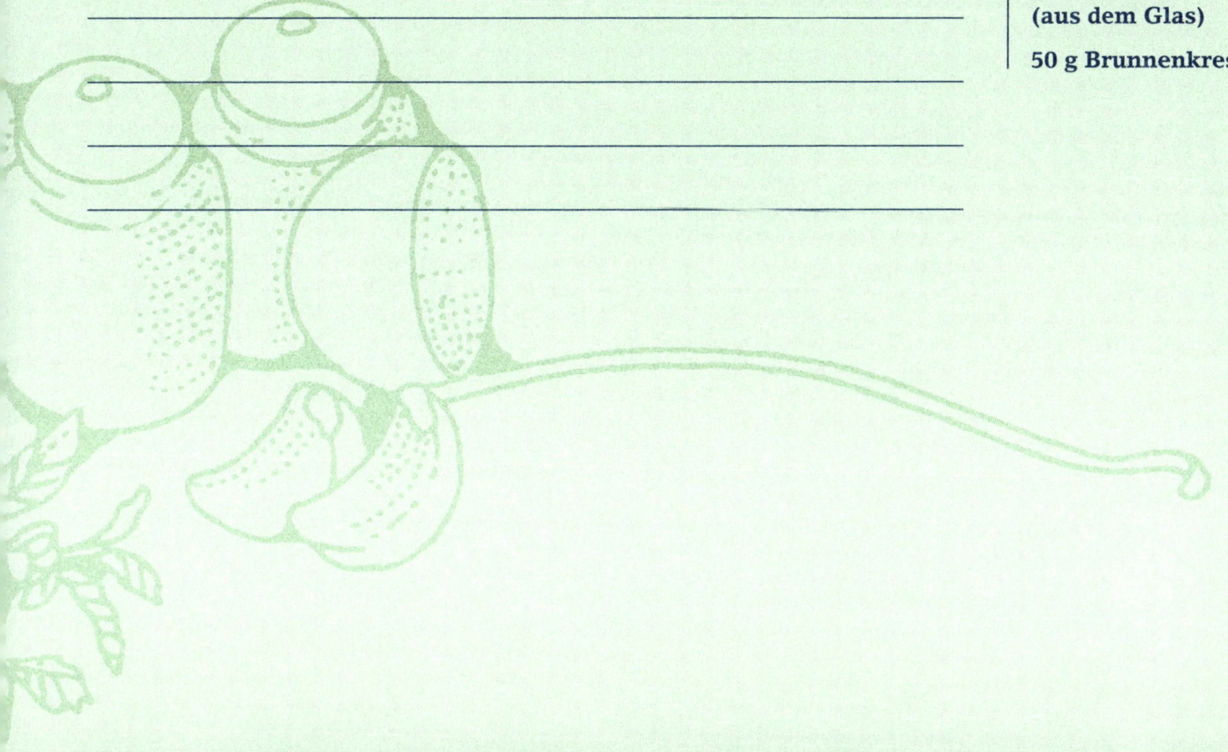

Zubereitungszeit:
etwa 40 Minuten

6 getrocknete Mu-Err Pilze

50 g Tofu

2 Karotten

300 g Hühnerbrust

1 TL Reiswein

Salz

Pfeffer

1 TL Sojasauce

2 ½ EL Speisestärke

1 EL Öl

½ l Geflügelbrühe

1 EL Tomatenmark

1 EL Weißweinessig

1 TL Zucker

½ – 1 TL Sambal Oelek

50 g Sojasprossen (aus dem Glas)

50 g Brunnenkresse

Kartoffeleintopf mit Pfifferlingen und Bärlauch

Zubereitungszeit:
etwa 40 Minuten

12 mittelgroße Kartoffeln
600 g Pfifferlinge
1 Zwiebel
1 Hand voll Bärlauch
4 EL Butter
4 EL Mehl
600 ml Gemüsebrühe
40 ml Sahne
Salz
Pfeffer

1 Kartoffeln schälen, waschen und in etwa 5 Millimeter dicke Scheiben schneiden.

2 Pfifferlinge am besten mit einem Pinsel von Erdresten befreien, untere Enden und schadhafte Stellen abschneiden. Große Pilze halbieren, kleine ganz lassen. Zwiebel schälen und fein würfeln. Bärlauch waschen, trockenschütteln und in Streifen schneiden.

3 Butter in einem Topf zerlassen, Zwiebel darin kurz andünsten, Mehl hinzugeben und unter Rühren so lange anschwitzen, bis es hellgelb ist. Die Brühe nach und nach zugeben, dabei ständig weiterrühren.

4 Kartoffelscheiben in den Topf geben und vorsichtig unterheben, etwa 15 Minuten bei geringer Hitze köcheln lassen. Pfifferlinge hinzugeben und alles weitere etwa 5 Minuten garen. Sahne zugeben und erhitzen. Mit Salz und Pfeffer abschmecken.

5 Zum Schluss den Bärlauch unterheben und den Eintopf sofort servieren.

Mein Tipp:

Wildkräuter-Gemüse-Topf mit Bärlauch und Reis

Zubereitungszeit:
etwa 50 Minuten

150 g Löwenzahn

150 g Giersch

100 g Karotten

100 g Kartoffeln

100 g Lauch

4 EL Olivenöl

100 g aus der Schote gelöste frische Erbsen

1½ l Gemüsebrühe

½ Bund Petersilie

6 – 8 Bärlauchblätter

1 Zwiebel

100 g Räucherspeck

5 Tomaten

100 g gegarter Reis

Salz

Pfeffer

1 Löwenzahn und Giersch waschen.

2 Karotten schälen und in Scheiben schneiden. Kartoffeln schälen, waschen und in etwa 1 Zentimeter große Würfel schneiden. Lauch putzen, der Länge nach einschneiden, waschen und in Ringe schneiden.

3 Das Öl in einem großen Topf erhitzen, die vorbereiteten Gemüse und die Erbsen darin etwa 3 Minuten anbraten. Mit der Brühe aufgießen.

4 Petersilie waschen, trockenschütteln und fein hacken. In den Topf geben und alles etwa 25 – 30 Minuten bei geringer Hitze köcheln lassen.

5 Inzwischen Bärlauch waschen, trockenschütteln und in feine Streifen schneiden. Zwiebel schälen und klein würfeln. Speck ohne Schwarte ebenfalls würfeln.

6 Eine Pfanne ohne Fett erhitzen und den Speck darin anbraten. Zwiebel und Bärlauch hinzugeben und kurz mitdünsten. Beiseite stellen.

7 Tomaten heiß überbrühen, häuten, Stielansätze entfernen und Tomaten klein schneiden.

8 Reis, Tomaten und Bärlauch-Speck-Mischung in den Eintopf rühren. Mit Salz und Pfeffer abschmecken und servieren. Dazu passt Baguette oder Schwarzbrot.

Mein Tipp:

Salate

Spargel-Bärlauch-Salat mit Tomaten

Zubereitungszeit:
25 – 30 Minuten

1 kg weißer Spargel
Salz
½ TL Zucker
1 TL Butter
6 Tomaten
1 – 2 Hand voll Bärlauch
½ Bund Schnittlauch
3 EL Balsamicoessig
6 EL Olivenöl
Pfeffer

1 Spargel schälen, die holzigen Enden entfernen und in etwa 4 Zentimeter lange Stücke schneiden.

2 1½ Liter Salzwasser in einem großen Topf mit Zucker und Butter aufkochen lassen. Spargelstücke hinzugeben und in etwa 12 Minuten bissfest garen.

3 Tomaten waschen, Stielansätze entfernen und achteln. Bärlauch waschen, trockenschütteln, Stiele entfernen und in dünne Streifen schneiden. Schnittlauch waschen, trockenschütteln und in Röllchen schneiden.

4 Spargel, Tomaten und Bärlauch in einer Salatschüssel vorsichtig mischen.

5 Aus Essig, Öl, Salz und Pfeffer ein Dressing rühren und unter den Salat heben. Etwas durchziehen lassen und servieren.

Bärlauch hat im frischen Zustand ein starkes Aroma und wird deshalb roh vor allem in Suppen, Gemüse und als Salatbeigabe verwendet. Die Knollen können Sie in der Küche wie Knoblauchzehen verarbeiten.

Mein Tipp:

Scharbockskrautsalat

Zubereitungszeit:
etwa 25 Minuten

- **1 Ei**
- **4–6 Hand voll Scharbockskraut**
- **2 Zwiebeln**
- **150 g saure Sahne**
- **1 EL Olivenöl**
- **Salz**
- **Pfeffer**
- **1 TL Tomatenmark**
- **2 TL mittelscharfer Senf**
- **1 Hand voll Brunnenkresse**

1 Das Ei in etwa 10 Minuten hart kochen, abschrecken, pellen, halbieren, Eigelb herauslösen und mit einer Gabel zerdrücken.

2 Scharbockskraut waschen, trockenschleudern und grob zerschneiden. Zwiebeln schälen, halbieren und fein hacken. Scharbockskraut und Zwiebel in einer Schüssel mischen.

3 Aus saurer Sahne, Olivenöl, Salz, Pfeffer, Tomatenmark und Senf mit dem Mixer ein cremiges Dressing rühren. Unter den Salat mischen. Die Brunnenkresse waschen, trockenschütteln, fein hacken und über dem Salat verteilen.

Die im Scharbockskraut enthaltenen Seifenstoffe (Saponine) wirken stoffwechselanregend. Außer für Salate kann Scharbockskraut auch in Suppen, Omeletts, Kräuterquark und -butter verwendet werden.

Mein Tipp:

Rucolasalat mit Eiersauce

Zubereitungszeit:
etwa 20 Minuten

2 Eier

400 g Rucola

1 rote Zwiebel

4 EL saure Sahne

1 TL mittelscharfer Senf

4 EL Öl, 2 EL Essig

1 EL Zucker

Salz, Pfeffer

1 EL gehackter Schnittlauch

1 Eier in etwa 10 Minuten hart kochen. Inzwischen Rucola waschen, trockenschleudern und in Stücke zupfen. Zwiebel schälen und in dünne Ringe schneiden. Ei abschrecken, pellen, etwas abkühlen lassen und fein hacken.

2 Aus Ei, saurer Sahne, Senf, Öl, Essig, Zucker, Salz und Pfeffer eine Sauce rühren, über die Rucolastücke geben. Mit Schnittlauch bestreut servieren.

Mein Tipp:

Wildkräuter-Nudel-Salat

Zubereitungszeit:
etwa 30 Minuten

200 g Muschel- oder Schmetterlingsnudeln

Salz, 5 Eier

½ kg rote Paprikaschoten

1 Dose Thunfisch (200 g)

1 Zwiebel

100 g gemischte Wildkräuter (zum Beispiel Löwenzahn, Sauerampfer, Rucola, Brunnenkresse)

20 g Bärlauch

120 ml Sonnenblumenöl

1 EL mittelscharfer Senf

4 EL Joghurt (3,5 %)

Pfeffer, einige grüne Oliven

1 Nudeln nach Packungsangabe in reichlich Salzwasser bissfest garen, abgießen und abkühlen lassen. Eier in kochendem Wasser in etwa 10 Minuten hart kochen, abschrecken und ebenfalls abkühlen lassen. Paprikaschoten putzen, waschen, vierteln und in dünne Streifen schneiden. Thunfisch abtropfen lassen und mit einer Gabel zerkleinern. Die Zwiebel schälen und in feine Ringe schneiden. Die Wildkräuter und den Bärlauch verlesen, waschen, trockenschleudern und ohne die dicken Stiele fein hacken.

2 Eier pellen und halbieren. Eigelbe herauslösen, mit einer Gabel zerdrücken und mit dem Öl verrühren. Die Eiweiße anderweitig verwenden. Die Kräuter, den Senf und den Joghurt unter die Eiermasse rühren und mit Salz und Pfeffer abschmecken.

3 Nudeln mit Paprika, Zwiebel und Thunfisch in eine Salatschüssel geben. Die Kräutercreme hinzugeben und alles gut durchmischen. Mit den Oliven garnieren. Den Salat 2 Stunden kalt stellen.

Mein Tipp:

Kartoffelsalat mit Rucola und Pilzen

Zubereitungszeit:
etwa 35 Minuten

1 kg fest kochende Kartoffeln

200 g Champignons

2 Frühlingszwiebeln

1 Zwiebel

⅛ l heiße Gemüsebrühe

Salz

Pfeffer

2½ EL Sonnenblumenöl

1 Hand voll Rucola

1 Die Kartoffeln waschen und in wenig Wasser in 20 – 25 Minuten garen.

2 Inzwischen die Pilze mit Küchenpapier abreiben und feinblättrig aufschneiden. In eine Salatschüssel geben. Die Frühlingszwiebeln putzen und in dünne Ringe schneiden. Die Zwiebel schälen, halbieren und in feine Streifen schneiden. Beides in die Schüssel geben und mit der heißen Brühe übergießen, mit Salz und Pfeffer würzen, Öl unterrühren.

3 Kartoffeln abgießen, abschrecken und etwas abkühlen lassen. Dann pellen und in dünne Scheiben schneiden, zu den Pilzen und Zwiebeln in die Schüssel geben und durchmischen. 20 – 30 Minuten durchziehen lassen.

4 Rucola waschen, trockenschütteln und in feine Streifen schneiden. Kartoffelsalat noch einmal abschmecken, eventuell etwas Brühe oder Wasser hinzugeben und Rucola unterheben.

Rucola hat einen leicht scharfen, würzigen Geschmack.

Mein Tipp:

Bärlauchtriebe mit Wildkräuterdressing

Zubereitungszeit:
etwa 30 Minuten

4 – 5 Hand voll Bärlauchtriebe samt Zwiebeln

¼ l Fleischbrühe

½ Hand voll gemischte Wildkräuter (zum Beispiel Löwenzahn, Brunnenkresse, Rucola)

2 – 3 EL Weinessig

4 EL Olivenöl

Salz

Pfeffer

1 Bärlauchtriebe waschen und den Wurzelbart abschneiden. Die Brühe in einem Topf mit Siebeinsatz erhitzen und den Bärlauch etwa 10 Minuten im heißen Dampf garen. Abtropfen lassen.

2 Wildkräuter waschen, trockenschütteln und fein hacken.

3 Aus Essig, Öl, Salz und Pfeffer ein cremiges Dressing rühren. Die Kräuter untermischen.

4 Bärlauchtriebe auf einer Salatplatte anrichten und mit dem Dressing übergießen.

Die Bärlauchtriebe werden am besten Mitte März – noch vor der Blüte – mitsamt den Zwiebeln aus dem Boden gestochen. Dazu verwendet man ein Stecheisen oder eine kleine spitze Gartenschaufel.

Mein Tipp:

Palmherzsalat mit Brunnenkresse

Zubereitungszeit:
etwa 20 Minuten

1 Ei

1 Tomate

1 Kopf Eichblattsalat

1 Dose Palmherzen (200 g)

100 g gekochter Schinken in Scheiben

1 – 2 Hand voll Brunnenkresse

2 – 3 Bärlauchblätter

Salz

Pfeffer

2 EL Weinessig

2 EL Olivenöl

2 EL Sahne

1 Das Ei in etwa 10 Minuten hart kochen, abschrecken und abkühlen lassen.

2 Tomate heiß überbrühen, häuten, Stielansatz entfernen und klein würfeln. Salat putzen, waschen, trockenschleudern und in mundgerechte Stücke zupfen. Palmherzen in ein Sieb abgießen und abtropfen lassen, in Streifen schneiden. Tomate, Salat und Palmherzen in einer großen Schüssel mischen. Schinken in Streifen schneiden und dazugeben.

3 Brunnenkresse und Bärlauch waschen und trockenschütteln. Brunnenkresseblättchen abzupfen, Bärlauch fein hacken. Ei pellen und fein hacken. Brunnenkresse zum Salat geben.

4 Aus Salz, Pfeffer, Bärlauch, Essig, Öl und Sahne ein Dressing anrühren. Mit dem gehackten Ei mischen. Das Dressing über den Salat gießen und unterheben. Sofort servieren.

Mein Tipp:

Avocados mit Sauerampferdressing

Zubereitungszeit:
etwa 25 Minuten

Für die Avocados:

2 Eier

2 Avocados (etwa 600 g)

2 – 3 EL Zitronensaft

1 Stück Salatgurke (etwa 20 cm)

2 Lauchzwiebeln

1 Becher Shrimps (150 – 200 g)

Für das Dressing:

1 Hand voll Sauerampfer

2 – 3 Bärlauchblätter

4 EL Balsamicoessig

Salz

Pfeffer

1 Prise Zucker

3 EL Olivenöl

1 Die Eier in etwa 8 – 10 Minuten hart kochen, abschrecken und abkühlen lassen.

2 Avocados der Länge nach halbieren, Kern entfernen und mit einem Teelöffel einen Teil des Fruchtfleisches herauslösen. Einen 7 – 8 Millimeter breiten Fruchtfleischrand stehen lassen.

3 Avocadohälften mit einem Teil des Zitronensafts beträufeln. Herausgelöstes Fruchtfleisch würfeln und mit dem restlichen Zitronensaft mischen.

4 Gurke schälen und ebenfalls würfeln. Lauchzwiebeln putzen, waschen und in feine Ringe schneiden. Shrimps in ein Sieb geben und kurz abspülen, gut abtropfen lassen. Eier pellen und hacken.

5 Avocado- und Gurkenwürfel mit den Lauchzwiebeln, Shrimps und Eiern mischen.

6 Für das Dressing den Sauerampfer und den Bärlauch waschen, trockenschleudern und fein hacken. Kräuter mit Essig, Salz, Pfeffer, Zucker und Öl mischen.

7 Das Dressing über die Avocado-Gurken-Mischung geben und unterheben. Die Füllung auf die Avocadohälften verteilen. Sofort servieren. Dazu passt Baguette.

Mein Tipp:

Spinatsalat mit Bärlauch

Zubereitungszeit:
etwa 15 Minuten

300 g junger Spinat

1 Kopfsalatherz

70 g junge Löwenzahnblätter

70 g Bärlauchblätter

16 Cocktailtomaten

4 EL Sherryessig

1 TL mittelscharfer Senf

Salz

Pfeffer

8 EL Olivenöl

1 Spinat verlesen, gründlich waschen, dicke Stiele entfernen und trockenschütteln. Kopfsalat putzen, waschen, trockenschleudern und in mundgerechte Stücke zupfen. Löwenzahn und Bärlauch ebenfalls waschen und trockenschütteln. Tomaten waschen und halbieren.

2 Aus Essig, Senf, Salz, Pfeffer und Öl ein Dressing rühren.

3 Spinat, Kopfsalat, Löwenzahn und Bärlauch auf 4 Tellern anrichten. Mit je 8 Tomatenhälften garnieren und mit dem Dressing beträufeln.

Löwenzahn wird inzwischen auch als Gemüsepflanze kultiviert. Die Blätter sind heller und schmecken weniger bitter als beim wilden Löwenzahn. Den hellen Löwenzahn bekommt man auf Wochenmärkten oder im gut sortierten Gemüsegeschäft.

Mein Tipp:

Kartoffel-Bärlauch-Salat mit Käse

Zubereitungszeit:
35 – 40 Minuten

800 g fest kochende Kartoffeln

100 g Bergkäse

3 – 4 Hand voll Bärlauchblätter

etwas Brunnenkresse

je 30 g Sonnenblumen und Kürbiskerne

6 EL Essig

1 – 2 EL mittelscharfer Senf

8 EL Sonnenblumenöl

Pfeffer

1 Kartoffeln in einem Topf mit wenig kochendem Wasser in 20 – 30 Minuten garen. Abgießen, mit kaltem Wasser abschrecken und pellen. In 3 – 4 Millimeter dicke Scheiben schneiden. Den Käse in kleine Würfel schneiden.

2 Bärlauch und Kresse waschen, trock enschütteln und in mundgerechte Stücke zupfen. Die Kerne in einer Pfanne ohne Fett rösten. Abkühlen lassen.

3 Aus Essig, Senf, Öl und Pfeffer ein Dressing anrühren. Mit dem Käse unter die Kartoffeln heben. Bärlauch und Kresse locker untermischen. Mit den Kernen bestreut servieren.

Wenn Ihnen der Bergkäse zu pikant ist, können Sie ganz nach Geschmack auch eine andere Käsesorte wie Emmentaler oder Butterkäse hinzugeben.

Mein Tipp:

Taubnesselsalat

1 Taubnesseln verlesen, waschen, trockenschleudern und in eine Schüssel geben.

2 Aus Joghurt, Sahne, Mayonnaise, Zitronensaft, Zucker und wenig Salz ein Dressing rühren. Über die Taubnesseln geben und untermischen.

3 Schnittlauch waschen, trockenschütteln und in Röllchen schneiden. Über den Salat streuen und servieren.

Mein Tipp:

Zubereitungszeit:
etwa 15 Minuten

400 g junge weiße Taubnesselblätter

2 EL Joghurt (3,5 %)

2 EL Sahne

2 EL Mayonnaise

1 – 2 EL Zitronensaft

1 Prise Zucker

Salz

½ Bund Schnittlauch

Rucola-Erdbeer-Salat

1 Erdbeeren waschen, Stielansätze abzupfen und in kleine Stücke schneiden. Rucola waschen, trockenschütteln und in dünne Streifen schneiden.

2 In einer Salatschüssel Erdbeeren mit Rucola mischen.

3 Aus Essig, Öl, Salz und Pfeffer ein Dressing rühren, über den Salat gießen und vorsichtig untermischen. Servieren Sie zu diesem Salat einen herzhaften Bergkäse, einen Hütten- oder Frischkäse.

Mein Tipp:

Zubereitungszeit:
10 – 15 Minuten

½ kg Erdbeeren

200 g Rucola

1½ EL Balsamicoessig

3 EL Kürbiskernöl

Salz

frisch gemahlener Pfeffer

Brunnenkressesalat

Zubereitungszeit:
etwa 25 Minuten

3 – 4 Hand voll Brunnenkresse

1 Kopf Lollo Rosso

2 Karotten

2 Äpfel

2 EL Olivenöl

1 EL Balsamicoessig

150 g saure Sahne

Salz

20 g Walnusskerne

1 Brunnenkresse und Lollo Rosso waschen, trockenschleudern. Brunnenkresse in Steifen schneiden, Lollo Rosso in mundgerechte Stücke zupfen. Die Salate in eine große Salatschüssel geben.

2 Karotten und Äpfel schälen. Die Karotten mit dem Gemüsehobel raspeln, die Äpfel vierteln, das Kernhaus entfernen und in dünne Scheibchen schneiden. Karotten und Äpfel über den Salat streuen.

3 Olivenöl und Essig mit der sauren Sahne verrühren, mit Salz abschmecken und über dem Salat verteilen. Die Walnusskerne hacken und den Brunnenkressesalat damit bestreuen. Dazu passen Baguettescheiben, aber auch Folienkartoffeln.

Mein Tipp:

____

____

Bulgur-Bärlauch-Salat

Zubereitungszeit:
etwa 25 Minuten

125 g Bulgur

1 Salatgurke

½ kg Tomaten

2 Zwiebeln

Saft von 2 – 3 Zitronen

4 EL Olivenöl

Salz, Pfeffer

¼ TL Zucker

4 – 6 Bärlauchblätter

1 – 2 Hand voll gemischte Wildkräuter (zum Beispiel Löwenzahn, Rucola, Sauerampfer)

4 EL Kürbiskerne

1 Bulgur 1 – 2 Stunden in kaltem Wasser einweichen, in ein Sieb abgießen und gut abtropfen lassen.

2 Salatgurke eventuell schälen, Tomaten waschen, Stielansätze entfernen und Zwiebeln schälen. Gemüse in kleine Würfel schneiden und mit dem Bulgur mischen.

3 Aus Zitronensaft, Öl, Salz, Pfeffer und Zucker ein Dressing rühren und unter die Bulgurmischung heben.

4 Bärlauch und Kräuter verlesen, waschen, trockenschütteln und ohne dicke Stiele fein hacken. Mit dem Bulgursalat mischen.

5 Die Kürbiskerne in einer Pfanne ohne Fett rösten und den Salat damit garnieren. Dazu schmeckt Buttertoast oder Baguette.

Mein Tipp:

____

____

Blattsalate mit Garnelenschwänzen und Bärlauch

Zubereitungszeit:
etwa 30 – 35 Minuten

400 g Riesengarnelenschwänze mit Schale (frisch oder tiefgefroren)

Saft von ½ Zitrone

Salz

Pfeffer

1 Kopf Lollo Rosso

2 Hand voll Rucola

1 Hand voll Brunnenkresse

4 Frühlingszwiebeln

1 Hand voll Bärlauch

1 kleine rote Chilischote

2 EL Olivenöl

200 ml trockener Weißwein

2 Dillstängel

1 EL Butter

1 Garnelen gegebenenfalls auftauen lassen, Schalen und Därme entfernen, waschen und trockentupfen. Mit Zitronensaft beträufeln, salzen und sparsam pfeffern.

2 Lollo Rosso, Rucola und Kresse putzen, waschen, trockenschleudern. Die Frühlingszwiebeln putzen und in Ringe schneiden. Bärlauch waschen, trockenschleudern und fein hacken. Chilischote der Länge nach halbieren, entkernen und fein hacken.

3 Öl in einer Pfanne erhitzen, die Chilischote kurz andünsten, Garnelen hinzugeben und auf beiden Seiten 1 – 2 Minuten braten. Bärlauch und Frühlingszwiebeln hineingeben und kurz mitdünsten, mit dem Wein ablöschen und alles etwa 2 – 3 Minuten dünsten.

4 Inzwischen den Dill waschen, trockenschütteln, Fähnchen von den Stängeln zupfen und fein hacken. Die Pfanne vom Herd nehmen, Dill und Butter einrühren. Mit Salz würzen.

5 Lollo Rosso, Rucola und Brunnenkresse auf 4 Teller verteilen. Die warme Garnelen-Kräuter-Mischung darauf verteilen. Dazu schmeckt ein Fladenbrot oder Baguette.

Nach dem Verarbeiten von Chilischoten sollten Sie sich sofort die Hände waschen, damit nichts in die Augen gelangt. Sie können natürlich auch Gummihandschuhe benutzen.

Mein Tipp:

Schweizer Wurstsalat mit Bärlauch

Zubereitungszeit:
etwa 15 Minuten

1 – 2 Hand voll Bärlauchblätter

2 – 3 Zwiebeln

3 Essiggurken

400 g Lyoner oder Fleischwurst

150 g Emmentaler in Scheiben

2 EL Rotweinessig

3 EL Gemüsebrühe

Salz

Pfeffer

1 Prise Zucker

3 EL Öl

1 Bärlauch waschen, trockenschütteln und ohne die Stiele in feine Streifen schneiden. Die Zwiebeln schälen und in dünne Ringe schneiden. Die Essiggurken in Scheibchen schneiden.

2 Die Wurst pellen und in 2 – 3 Millimeter dicke Scheiben und den Käse in 4 Zentimeter lange Streifen schneiden. Wurst und Käse auf 4 Tellern anrichten. Die Gurken darauf verteilen.

3 Essig, Brühe, Salz, Pfeffer und Zucker verrühren, das Öl unterschlagen und den Bärlauch hinzugeben. Über dem Wurstsalat verteilen. Dazu passt ein kräftiges Bauernbrot.

Diesen Wurstsalat können Sie auch einmal mit Rucola oder Brunnenkresse statt mit Bärlauch probieren.

Mein Tipp:

Tomaten-Rucola-Salat

Zubereitungszeit:
etwa 15 Minuten

- **4 Hand voll Rucola (100 g)**
- **300 g kleine Fleischtomaten**
- **125 – 250 g Mozzarella**
- **2 EL Balsamicoessig**
- **Salz**
- **frisch gemahlener Pfeffer**
- **3 EL Olivenöl**

1 Rucola verlesen, waschen, trockenschütteln und in 3 – 4 Zentimeter große Stücke zupfen.

2 Tomaten waschen, Stielansätze entfernen und in Scheiben schneiden. Je nach Größe die Scheiben eventuell halbieren. Mozzarella abtropfen lassen und ebenfalls in Scheiben schneiden.

3 Tomaten- und Mozzarellascheiben auf 4 Tellern fächerförmig anordnen. Rucola darauf verteilen.

4 Aus Essig, Salz, Pfeffer und Öl ein Dressing anrühren und über dem Salat verteilen. Dazu schmeckt Weißbrot.

Mein Tipp:

Salat mit Joghurtdressing

Zubereitungszeit:
etwa 20 Minuten

- **150 g Joghurt (3,5 %)**
- **2 TL mittelscharfer Senf**
- **Salz**
- **Pfeffer**
- **4 EL Olivenöl**
- **2 Frühlingszwiebeln**
- **1 Bund Radieschen**
- **1 Kopfsalat**
- **2 – 3 Hand voll Brunnenkresse**
- **½ Bund Schnittlauch**

1 Aus Joghurt, Senf, Salz, Pfeffer und Öl in einer Schüssel ein Dressing anrühren.

2 Frühlingszwiebeln und Radieschen putzen, waschen, in Ringe und in Scheibchen schneiden und in die Joghurtsauce geben.

3 Kopfsalat waschen, putzen und trockenschleudern. Die Salatblätter in mundgerechte Stücke zupfen und in die Schüssel geben. Brunnenkresse und Schnittlauch waschen und trockenschütteln. Brunnenkresse grob hacken, Schnittlauch in Röllchen schneiden und die Kräuter unter den Salat heben.

Statt Radieschen können Sie auch Kohlrabi- oder Möhrenraspel verwenden.

Mein Tipp:

Wildkräutersalat

Zubereitungszeit:
20 – 25 Minuten

- **5 – 6 Hand voll Wildkräuter (zum Beispiel Löwenzahnblätter, Brunnenkresse, Giersch, Scharbockskraut, Schafgarbe, Rucola, Brennnesseltriebe)**
- **1 Zwiebel**
- **3 – 4 EL Sahne**
- **1 EL Olivenöl**
- **Saft von ½ Zitrone**
- **Salz**
- **Pfeffer**
- **1 TL Zucker**
- **3 EL frisch geriebene Haselnüsse**

1 Kräuter verlesen, waschen, trockenschleudern. Die Kräuter in Streifen schneiden und in eine Salatschüssel geben. Verwenden Sie Brennnesseltriebe, schneiden sie diese zuerst mit einem Wiegemesser sehr fein, dann brennen sie nicht mehr.

2 Zwiebel schälen, fein hacken und zu den Kräutern geben.

3 Sahne, Öl, Zitronensaft, Salz, Pfeffer und Zucker zu einem cremigen Dressing verschlagen und unter den Wildkräutersalat heben. Mit den Haselnüssen bestreut servieren.

Die Triebe von Brennnesseln und auch die anderen Wildkräuter für diesen Salat kann man oft schon Anfang März finden.

Mein Tipp:

____

____

Bärlauch-Zucchini-Salat

Zubereitungszeit:
etwa 15 Minuten

- **2 – 3 Zucchini**
- **120 g Egerlinge**
- **5 – 6 Hand voll Bärlauchblätter**
- **250 g Joghurt (3,5 %)**
- **½ – 1 EL Zitronensaft**
- **1 – 2 EL Olivenöl**
- **Salz**
- **Pfeffer**

1 Zucchini waschen, Enden entfernen und mit der Rohkostreibe raspeln. Pilze mit einem Küchenkrepp abreiben, Stielansatz abschneiden und feinblättrig aufschneiden. Bärlauch waschen, trockenschütteln und in feine Streifen schneiden.

2 Aus Joghurt, Zitronensaft, Öl, Salz und Pfeffer ein Dressing rühren.

3 Zucchini, Pilze und Bärlauch in einer Salatschüssel locker mischen, das Dressing unterheben und 10 – 15 Minuten durchziehen lassen, dann servieren.

Mein Tipp:

____

____

Bärlauch-Nudel-Salat

1 Die Nudeln nach Packungsangabe in kochendem Salzwasser bissfest garen. Abgießen, abschrecken und abtropfen lassen. Karotten schälen und in etwa 4 Zentimeter lange, nicht zu dünne Stifte schneiden. Zwiebel schälen, halbieren und in 5 Millimeter dicke Streifen schneiden.

2 Wenig Salzwasser in einem Topf erhitzen und Karotten und Zwiebeln darin bei geringer Hitze etwa 3 – 5 Minuten garen. Gemüse abgießen und abtropfen lassen.

3 Inzwischen den Bärlauch waschen, trockenschütteln und fein hacken. Joghurt, Essig, Öl, Senf und Bärlauch im Mixer pürieren. Mit Salz und Pfeffer abschmecken. Nudeln und Karotten-Zwiebel-Mischung in einer Schüssel mit dem Dressing mischen und servieren.

Mein Tipp:

Zubereitungszeit:
etwa 20 Minuten

300 g Rigatoni (oder andere hohle Nudeln)

Salz

400 g Karotten

1 Zwiebel

3 – 4 Hand voll Bärlauchblätter

150 g Joghurt (3,5 %)

1 EL Weißweinessig

3 EL Oliven- oder Bärlauchöl (siehe Seite 138)

1 TL mittelscharfer Senf

Pfeffer

Spargelcarpaccio mit Rucola und Bresaola

1 Spargel waschen, holzige Enden abschneiden und den Spargel in etwa 2 Millimeter dünne Scheibchen schneiden.

2 Zitronensaft, Salz, Pfeffer, Zucker und Öl zu einem cremigen Dressing verschlagen, über dem Spargel verteilen, durchziehen lassen.

3 Bresaola locker auf 4 Tellern verteilen und den Spargel darauf anrichten. Rucola verlesen, waschen, trockenschütteln, auf dem Spargel anordnen und mit etwas Pfeffer bestreuen. Dazu passt Baguette.

Mein Tipp:

Zubereitungszeit:
etwa 20 Minuten

10 grüne Spargelstangen

2 EL Zitronensaft

Salz, Pfeffer

1 Prise Zucker

5 EL Olivenöl

8 dünne Scheiben Bresaola (gesalzenes, luftgetrocknetes Rindfleisch)

1 Bund Rucola

Rucolasalat mit Bündnerfleisch und Bärlauchbaguette

Zubereitungszeit:
etwa 25 Minuten

4 Hand voll Rucola
250 g Tomaten
3 EL Rotweinessig
Salz
Pfeffer
1 Prise Zucker
6 EL Olivenöl
1 Hand voll Bärlauch
1 Ei
8 Scheiben Baguette
8 Scheiben Bündnerfleisch

1 Rucola verlesen, waschen, trockenschütteln und in etwa 4 Zentimeter lange Stücke schneiden. Tomaten waschen, Stielansätze entfernen, achteln und mit dem Rucola auf 4 Tellern anrichten.

2 Essig mit Salz, Pfeffer, Zucker und 4 Esslöffeln Öl zu einem cremigen Dressing verrühren und über dem Salat verteilen.

3 Bärlauch verlesen, waschen, trockenschütteln und fein hacken. Das Ei in einem tiefen Teller verquirlen und leicht salzen und pfeffern. Die Brotscheiben erst in Ei wenden, dann in Bärlauch.

4 Das restliche Öl in einer Pfanne erhitzen und das Bärlauchbaguette darin bei mittlerer Hitze in etwa 5 Minuten goldbraun braten, einmal wenden.

5 Das Bündnerfleisch auf dem Salat anrichten und diesen mit den Bärlauchbaguettes servieren.

Mein Tipp:

Rinderfiletcarpaccio mit Rucola und Sellerie

Zubereitungszeit:
25 – 30 Minuten

200 g Rinderfilet

½ kg Knollensellerie

8 EL Balsamicoessig

6 EL Olivenöl

Salz

frisch gemahlener Pfeffer

80 g schwarze Trüffeln

1 – 2 Bund Rucola (etwa 250 g)

1 Fleisch kurz waschen, trockentupfen, von Häutchen und Sehnen befreien und in 16 Scheiben schneiden. Jeweils 2 Scheiben zwischen 2 große Klarsichtfolien legen und vorsichtig hauchdünn klopfen. In der Folie kalt stellen.

2 Sellerie waschen und schälen, in dünne Scheiben schneiden und diese wiederum in dünne Streifen.

3 Essig, Öl, Salz und Pfeffer zu einem cremigen Dressing verschlagen und mit dem Sellerie mischen.

4 Trüffeln mit einer leicht feuchten Bürste reinigen. Mit dem Gemüsehobel in sehr feine Scheiben hobeln, diese in feine Streifen schneiden. Rucola verlesen, waschen, trockenschütteln und ebenfalls in feine Streifen schneiden.

5 Rucola und Trüffeln unter den Selleriesalat heben. Fleisch aus der Klarsichtfolie nehmen, salzen und pfeffern, und mit dem Rucola-Sellerie-Salat locker anrichten. Dazu passt Baguette oder Olivenciabatta.

Mein Tipp:

Aufläufe, Kuchen, Terrinen & Co.

Bärlauchquiche

Für 1 Quicheform, Ø 28 cm

Zubereitungszeit: **20 – 25 Minuten**

Für den Teig:

250 g Mehl
1 kleines Ei
Salz
125 g kalte Butter
Fett für die Form

Für den Belag:

200 g Bärlauch
1 Ei
180 g Joghurt (3,5 %)
3 EL saure Sahne
150 g geriebener Bergkäse
Salz
Pfeffer
1 Prise frisch geriebene Muskatnuss

1 Die Quicheform einfetten. Mehl in eine Schüssel geben. In die Mitte eine Vertiefung drücken, das Ei hineinschlagen, Salz und etwa 80 Milliliter kaltes Wasser dazugeben. Butter in Flöckchen darauf verteilen.

2 Alle Zutaten rasch zu einem glatten Teig verarbeiten. Eventuell noch etwas Wasser hinzugeben. Den Teig auf etwas Mehl rund ausrollen und in die Form geben. Den Rand etwa 3 Zentimeter hochziehen. Den Boden mit einer Gabel mehrmals einstechen. Für etwa 30 Minuten kaltstellen.

3 Den Backofen auf 200 °C vorheizen. Bärlauch waschen, tropfnass in einen Topf geben und 2 – 3 Minuten erhitzen. Bärlauch in ein Sieb abgießen, gut ausdrücken und etwas abkühlen lassen, dann grob hacken.

4 Ei mit Joghurt, saurer Sahne, Käse und Bärlauch verrühren. Mit Salz, Pfeffer und Muskat abschmecken. Die Joghurtmasse auf dem Teigboden verteilen.

5 Bärlauchquiche im Ofen (untere Schiene) etwa 30 Minuten backen.

Die Bärlauchquiche reicht für 2 – 3 Personen als Hauptmahlzeit oder für 4 – 6 Personen als Vorspeise.

Mein Tipp:

Spargelauflauf mit Brunnenkresse

1 Spargel waschen, die holzigen Enden abschneiden und in etwa 1,5 Zentimeter lange Stücke schneiden.

2 Die Sahne mit den Eiern verquirlen. Mit Salz, Pfeffer und Zitronenschale würzen.

3 Eine Auflaufform mit Deckel mit der Butter einfetten. Den Spargel in die Auflaufform füllen und die Eiersahne darüber geben. In einem größeren Gefäß Wasser erhitzen und Auflaufform hineinstellen. Auflauf zugedeckt im heißen Wasserbad etwa 50 – 55 Minuten stocken lassen.

4 Brunnenkresse verlesen, waschen, trockenschütteln und die Blättchen in schmale Streifen schneiden. Fertigen Auflauf aus dem Wasserbad nehmen, etwa 5 Minuten ruhen lassen. Dann auf eine vorgewärmte Anrichteplatte oder einen großen Teller stürzen. Kresse darüber verteilen und mit Weißbrot servieren.

Zubereitungszeit:
20 – 25 Minuten

1 kg grüner Spargel

400 ml Sahne

6 Eier

Salz

Pfeffer

Schale von ½ unbehandelten Zitrone

½ EL Butter

1 Hand voll Brunnenkresse

Mein Tipp:

Spätzle-Taubnessel-Auflauf

Zubereitungszeit:
25 – 30 Minuten

Für den Teig:

300 g Mehl

Salz

3 Eier

Für das Taubnesselpüree:

4 Zwiebeln

5 EL Olivenöl

200 g Taubnesselblätter

Salz

Pfeffer

1 Prise frisch geriebene Muskatnuss

125 g geriebener Käse (zum Beispiel Gouda, Emmentaler, Bergkäse)

Butter für die Auflaufform

1 Mehl, Salz, Eier und gut ⅛ Liter Wasser zu einem eher flüssigen Teig verrühren. Gegebenenfalls noch etwas Wasser hinzugeben. Etwa 30 Minuten ruhen lassen.

2 Inzwischen die Zwiebeln schälen und fein hacken. Öl in einer Pfanne erhitzen und die Zwiebeln darin glasig dünsten. Beiseite stellen.

3 Taubnesseln verlesen, waschen und tropfnass in einen Topf mit wenig Wasser geben. Aufkochen und etwa 10 Minuten garen. In ein Sieb abgießen. Taubnesseln im Mixer pürieren, mit Salz, Pfeffer und Muskat abschmecken.

4 Den Backofen auf 200 °C vorheizen. Reichlich Salzwasser in einem weiten Topf erhitzen. Teig portionsweise durch eine Spätzlepresse in das siedende Wasser drücken. Wenn die Spätzle oben schwimmen, mit einer Schaumkelle herausheben, in ein Sieb geben, kurz abschrecken und abtropfen lassen.

5 Eine Auflaufform buttern. Spätzle, Taubnesselpüree, Zwiebeln und Käse hineingeben und mischen. Im Ofen (mittlere Schiene) etwa 10 – 12 Minuten überbacken, bis der Käse geschmolzen ist.

Statt Taubnesseln können Sie die Spätzle auch mit einem Giersch- oder Brennnesselpüree ausprobieren.

Mein Tipp:

Bärlauch-Joghurt-Terrine mit Tomatensauce

1 Gelatine nach Packungsangabe in kaltem Wasser einweichen. Tropfnass in einen kleinen Topf geben und bei mittlerer Hitze auflösen.

2 Joghurt in eine Schüssel geben und etwas salzen und pfeffern. Gelatine mit 2 Esslöffeln Joghurt mischen und unter den restlichen Joghurt rühren. Etwa 15 Minuten kalt stellen.

3 Die Sahne steif schlagen. Bärlauch waschen, trockenschütteln und fein hacken. Mit der Sahne unter die Joghurtmasse mischen.

4 Eine Kastenform mit Frischhaltefolie auslegen. Die Bärlauch-Joghurt-Creme einfüllen und glatt streichen. Etwa 3 Stunden kalt stellen.

5 Für die Sauce die Zwiebel schälen und klein hacken. Tomaten heiß überbrühen, häuten, entkernen, dabei vom Stielansatz befreien und klein würfeln.

6 Öl in einem Topf erhitzen, Zwiebel darin andünsten. Mit dem Essig ablöschen, Tomaten hinzugeben, mit Salz, Pfeffer und Zucker abschmecken.

7 Terrine aus der Kastenform stürzen, Folie abziehen, und in 1 – 1½ Zentimeter dicke Scheiben schneiden. Mit der Tomatensauce auf Tellern anrichten und servieren.

Mein Tipp:

Für 1 Kastenform à 1 l Inhalt

Zubereitungszeit:
etwa 25 Minuten

Für die Terrine:

7 Blatt weiße Gelatine

800 g Joghurt (3,5 %)

Salz

Pfeffer

200 ml Sahne

8 – 10 Bärlauchblätter

Für die Tomatensauce:

1 Zwiebel

½ kg Tomaten

2 EL Olivenöl

3 – 4 EL Balsamicoessig

1 Prise Zucker

Kartoffel-Wildkräuter-Kuchen

Für 1 Springform,
Ø 20 cm,
für 2 – 3 Personen

Zubereitungszeit:
etwa 40 Minuten

6 Platten Blätterteig (tiefgekühlt, 350 g)

450 g fest kochende Kartoffeln

1 Bund gemischte Wildkräuter (zum Beispiel Sauerampfer, Giersch, Rucola, Brunnenkresse, Brennnessel, Löwenzahn)

4 – 6 Bärlauchblätter

Salz

Pfeffer

1 Eigelb

1 Blätterteigplatten auftauen lassen. Kartoffeln schälen, waschen und mit dem Gurkenhobel in hauchdünne Scheibchen schneiden.

2 Wildkräuter und Bärlauch verlesen, waschen, trockenschütteln und fein hacken. In einer Schüssel mit den Kartoffelscheiben und etwas Salz und Pfeffer mischen.

3 Den Backofen auf 200 °C vorheizen. 3 – 4 Blätterteigplatten ausrollen und eine kleine Springform damit auslegen. Kartoffel-Kräuter-Mischung hineinfüllen. Übrige Teigplatten ausrollen und als Deckel auf die Kartoffelscheiben legen. Die Teigränder mit den Fingern fest zusammendrücken.

4 Mit einem kleinen Küchenmesser in die Mitte des Teigdeckels ein kleines Loch (etwa 1 – 1½ Zentimeter Durchmesser) schneiden und als »Dampfabzug« ein kleines Röhrchen aus Alufolie hineinstecken.

5 Eigelb verquirlen und auf den Teigdeckel streichen. Mit einem Messer nach Belieben ein rautenförmiges Muster in den Teigdeckel ritzen. Den Kartoffelkräuterkuchen im Ofen (mittlere Schiene) etwa 50 Minuten goldgelb backen.

6 Den fertigen Kuchen ofenfrisch in Stücke teilen und servieren. Dazu schmeckt ein gemischter Blattsalat und wachsweiche oder pochierte Eier.

Mein Tipp:

Rucola-Spargel-Gratin

Zubereitungszeit:
etwa 25 Minuten

1 kg grüner Spargel

100 g Rucola

Salz

Pfeffer

75 ml trockener Weißwein

75 ml Sahne

2 EL Butter

50 g geriebener Emmentaler

Oliven- oder Bärlauchöl (siehe Seite 138) für die Form

1 Vom Spargel die unteren Enden abschneiden, das untere Drittel eventuell schälen. Rucola waschen, trockenschütteln und in Streifen schneiden. Den Backofen auf 180 °C vorheizen. Eine Auflaufform mit Öl einfetten, Spargel und Rucola hineingeben, salzen und pfeffern.

2 Weißwein und Sahne mischen und über die Rucola-Spargel-Mischung gießen. Die Butter in Flöckchen darauf verteilen.

3 Im Ofen (mittlere Schiene) etwa 15 Minuten garen, dann den Käse darüber streuen und in weiteren 15 Minuten fertig backen, bis der Käse zerlaufen und leicht gebräunt ist. Dazu passen neue Kartoffeln oder Weißbrot.

Mein Tipp:

Bärlauchsoufflé

Für 1 Souffléform à 1 l Inhalt

Zubereitungszeit:
35 – 40 Minuten

½ kg mehlig kochende Kartoffeln

Salz

2 – 3 Hand voll Bärlauchblätter

250 g Quark (20 %)

2 EL zimmerwarme Butter

5 Eier

50 g geriebener Butterkäse

Pfeffer

Fett für die Souffléform

1 Kartoffeln schälen, waschen, achteln und in wenig Salzwasser in 10 – 15 Minuten garen. Inzwischen Bärlauch waschen, Stiele entfernen, trockenschütteln und in dünne Streifen schneiden.

2 Kartoffeln abgießen, mit dem Kartoffelstampfer gründlich zerstampfen. In einer Schüssel mit Quark und Butter mischen. Etwas abkühlen lassen. Den Backofen auf 160 °C vorheizen. Die Souffléform einfetten.

3 Eier trennen. 4 Eigelb, Käse und Bärlauch unter die Kartoffel-Quark-Masse rühren, mit Salz und Pfeffer abschmecken. Eiweiße mit einer Prise Salz zu sehr steifem Schnee schlagen, unter die Kartoffelmischung heben und in die Form füllen. Im Ofen (mittlere Schiene) 50 – 60 Minuten backen. Sofort servieren. Dazu passt ein Salat.

Mein Tipp:

Löwenzahnpizza mit Rucola

Für 1 Backblech

Zubereitungszeit:
etwa 35 Minuten

Für den Hefeteig:

375 g Mehl

⅔ Würfel frische Hefe (30 g)

¼ TL Zucker

3 – 4 EL Öl

etwas Salz

Fett und Mehl für das Backblech

Für den Belag:

200 g junger Löwenzahn mit Wurzeln (oder junger Giersch)

50 g Tomatenmark

Salz

Pfeffer

je ¼ TL getrockneter Thymian, Rosmarin und Oregano

200 g Mozzarella

100 g Kochschinken in Scheiben

200 g Artischockenherzen aus dem Glas

150 g frische Champignons

2 Hand voll Rucola

1 Mehl in eine Schüssel sieben, in die Mitte eine Mulde drücken, Hefe hineinbröckeln, mit dem Zucker bestreuen. Etwa ⅛ Liter lauwarmes Wasser zugießen und mit etwas Mehl vom Rand verrühren. Vorteig zugedeckt an einem warmen Ort etwa 20 Minuten gehen lassen.

2 Inzwischen den Löwenzahn gründlich waschen, die Wurzeln abbürsten. In einem Topf etwa 1 Liter Salzwasser zum Kochen bringen und den Löwenzahn darin etwa 20 Minuten garen.

3 Öl und Salz zum Vorteig geben und mit den Knethaken des Handrührgeräts alles gründlich durcharbeiten, eventuell noch etwas lauwarmes Wasser hinzugeben. Kneten, bis der Teig Blasen wirft und sich vom Schüsselrand löst. Ein Backblech einfetten, mit Mehl bestäuben und den Teig darauf ausrollen. Beiseite stellen und noch einmal gehen lassen.

4 Löwenzahn in ein Sieb abgießen, abtropfen lassen und dabei etwas Kochflüssigkeit auffangen. Den Löwenzahn im Mixer mit der Kochflüssigkeit pürieren. Das Tomatenmark unter das Löwenzahnpüree mischen, mit Salz, Pfeffer, Rosmarin, Thymian und Oregano abschmecken.

5 Den Backofen auf 220 °C vorheizen. Mozzarella abtropfen lassen und klein würfeln. Schinken in Streifen, Artischockenherzen in Stücke schneiden. Pilze mit einem Küchenkrepp abreiben und feinblättrig aufschneiden.

6 Das Löwenzahnpüree auf dem Hefeteig verteilen, mit den Käsewürfeln bestreuen und mit Schinken, Artischocken und Champignons belegen. Eventuell noch etwas würzen.

7 Im Ofen (mittlere Schiene) etwa 20 – 25 Minuten backen. Rucola waschen und trockenschütteln. Pizza aus dem Ofen nehmen, Rucola darauf verteilen und in Stücke geschnitten servieren.

Mein Tipp:

Wildkräuterpizza

Für 1 Backblech

Zubereitungszeit:
30 – 35 Minuten

Für den Hefeteig:

375 g Mehl

⅔ Würfel frische Hefe (30 g)

¼ TL Zucker

3 – 4 EL Öl

etwas Salz

Fett und Mehl für das Backblech

Für den Belag:

250 g Wildkräuter (zum Beispiel Bärlauch, Giersch, Brennnesseln, Löwenzahn)

3 – 4 EL Olivenöl

4 frische Eier

200 g saure Sahne

50 g geriebener Gouda

Salz

Pfeffer

Paprikapulver

Oregano

4 Tomaten

1 Mehl in eine Schüssel sieben, in die Mitte eine Mulde drücken, Hefe hineinbröckeln, mit dem Zucker bestreuen. Etwa ⅛ Liter lauwarmes Wasser zugießen und mit etwas Mehl vom Rand verrühren. Vorteig zugedeckt an einem warmen Ort etwa 20 Minuten gehen lassen.

2 Inzwischen die Wildkräuter verlesen, waschen, trockenschütteln und in feine Streifen schneiden. Das Öl in eine Pfanne geben und die Kräuter darin etwa 3 – 4 Minuten dünsten, abkühlen lassen.

3 Öl und Salz zum Vorteig geben und mit den Knethaken des Handrührgeräts alles gründlich durcharbeiten, eventuell noch etwas lauwarmes Wasser hinzugeben. Kneten bis der Teig Blasen wirft und sich vom Schüsselrand löst. Ein Backblech einfetten, mit Mehl bestäuben und den Teig darauf ausrollen. Beiseite stellen und noch einmal etwas gehen lassen.

4 Den Backofen auf 200 °C vorheizen. Für den Belag die Eier in einer Schüssel verquirlen. Kräuter, saure Sahne, Käse untermischen. Mit Salz, Pfeffer, Paprika und Oregano abschmecken.

5 Die Kräutermasse auf dem Pizzateig verteilen. Tomaten waschen, Stielansätze entfernen und in Scheiben schneiden. Auf die Pizza legen. Im Ofen (mittlere Schiene) etwa 20 – 25 Minuten backen. Die fertige Pizza in Stücke schneiden und sofort servieren.

Mein Tipp:

Bärlauchkuchen

Für 1 feuerfeste Form, Ø 28 cm

Zubereitungszeit: **30 – 35 Minuten**

Für den Mürbeteig:

200 g Mehl

1 Ei

1 Prise Salz

6 EL Milch

80 g kalte Butter

Für den Belag:

600 g Magerquark

150 ml Sahne

3 Eier

1 Hand voll Bärlauch

1 Bund Schnittlauch

1 Bund Petersilie

1 EL Zitronensaft

Salz

weißer Pfeffer

1 Zitronenmelissezweig zum Garnieren

1 Mehl in eine Schüssel geben. In die Mitte eine Vertiefung drücken, das Ei hineinschlagen, Salz und Milch dazugeben. Butter in Flöckchen darauf verteilen. Alle Zutaten rasch zu einem glatten Teig verarbeiten. Den Teig auf etwas Mehl rund ausrollen und in die Form geben. Den Rand etwa 3 Zentimeter hochziehen. Den Boden mit einer Gabel mehrmals einstechen. Für 45 Minuten kalt stellen.

2 Den Backofen auf 200 °C vorheizen. Für den Belag Quark, Sahne und Eier verrühren. Kräuter waschen, trockenschütteln, klein schneiden und unter die Quarkmasse rühren. Mit Zitronensaft, Salz und Pfeffer abschmecken.

3 Den Teig etwa 10 Minuten im Backofen (mittlere Schiene) vorbacken. Form aus dem Ofen nehmen und die Quarkmasse einfüllen und glatt streichen.

4 Den Kuchen etwa 1 Stunde backen. Wenn er zu braun wird, mit Aluminiumfolie abdecken. Den fertigen Kuchen aus dem Ofen nehmen, 10 Minuten ruhen lassen und in Stücke schneiden. Zitronenmelisse waschen, trockenschütteln, Blättchen abzupfen und auf dem Kuchen verteilen.

Dieser Kuchen lässt sich genauso gut mit 2 Knoblauchzehen anstatt des Bärlauchs zubereiten.

Mein Tipp:

Gratinierte Gemüse mit Brunnenkresse

Zubereitungszeit:
etwa 45 Minuten

2 Fenchelknollen

2 EL Olivenöl

Salz

Pfeffer

2 Zucchini

2 Tomaten

40 g Gouda

1 Hand voll Brunnenkresse

1 Fenchel putzen, waschen, erst in etwa 3 Millimeter dicke Scheiben, dann diese in dünne Streifen schneiden.

2 In einer Pfanne das Öl erhitzen, Fenchel darin unter Rühren anbraten, salzen und pfeffern. Zugedeckt bei mittlerer Hitze in etwa 8 Minuten bissfest dünsten. Bei Bedarf etwas Wasser zugießen.

3 Backofen auf 200 °C vorheizen. Zucchini waschen, Enden entfernen und in dünne Scheiben schneiden. Nach etwa 4 Minuten zum Fenchel geben und mitdünsten. Eine Auflaufform einfetten und Gemüse hineingeben.

4 Tomaten heiß überbrühen, häuten, Stielansätze entfernen und klein schneiden. In die Auflaufform geben, salzen und pfeffern. Den Käse in kleine Würfel schneiden und auf dem Gemüse verteilen. Im Ofen (mittlere Schiene) etwa 10 Minuten überbacken, bis der Käse zerlaufen ist.

5 Inzwischen die Brunnenkresse verlesen, waschen, trockenschütteln und die Blättchen grob hacken. Über dem fertigen Gratin verteilen und servieren. Dieses Gratin schmeckt zu Fisch und Fleisch ebenso gut wie zu Kartoffeln oder – eine einfache Variante – zu Brot.

Mein Tipp:

Rucolaquiche mit Salami und Tomaten

Für 1 Quicheform,
Ø 28 cm,
für 3 – 4 Personen

Zubereitungszeit:
45 – 50 Minuten

Für den Teig:

350 g Mehl

½ Würfel frische Hefe

½ TL Zucker

150 ml lauwarme Milch

200 g Butter

Salz

1 Ei

Öl für die Form

Für den Belag:

1 Zwiebel

3 Fleischtomaten

½ Bund Rucola

100 g Salami

100 g saure Sahne

100 g Quark

2 Eigelb

Salz

Pfeffer

1 Für den Teig das Mehl in eine Schüssel sieben, in die Mitte eine Vertiefung drücken und die Hefe hineinbröckeln. Den Zucker darüber streuen und die Milch zugießen. Mit einem Kochlöffel verrühren und mit etwas Mehl vom Rand abdecken. Mit einem sauberen Küchentuch abdecken und etwa 15 Minuten an einem warmen Ort gehen lassen.

2 100 Gramm warme Butter, ½ Teelöffel Salz und das Ei mit den Knethaken des Handrührgeräts in den Teig einarbeiten. Teig schlagen, bis sich Blasen bilden und er sich vom Schüsselrand löst. Teig zugedeckt an einem warmen Ort gehen lassen, bis sich sein Volumen verdoppelt hat, das dauert etwa 30 – 40 Minuten. Den gegangenen Teig noch einmal gründlich durchkneten.

3 Quicheform mit Öl ausstreichen. Den Teig etwa 1 Zentimeter dick ausrollen, die Quicheform damit auslegen und mit einer Gabel den Teig mehrmals einstechen. 60 Gramm Butter zerlassen und auf den Teig gießen. Bei knapp 50 °C etwa 25 Minuten im Backofen gehen lassen. Form herausnehmen und Ofen auf 200 °C vorheizen.

4 Für den Belag die Zwiebel schälen, halbieren und in feine Streifen schneiden. Tomaten waschen, vom Stielansatz befreien, vierteln, entkernen und in Stücke schneiden. Rucola waschen, trockenschütteln und in etwa 2 Zentimeter große Stücke zupfen. Salami in Streifen schneiden. Saure Sahne mit Quark, Eigelb und Rucola verrühren, salzen und pfeffern. Quarkmasse auf den Teig geben.

5 Restliche Butter in einer Pfanne erhitzen, Zwiebel darin glasig dünsten, Tomaten hinzugeben und kurz mitbraten, salzen und pfeffern. Zwiebel-Tomaten-Mischung auf der Quarkmasse verteilen. Mit Salamistreifen belegen. Die Quiche im Ofen (mittlere Schiene) etwa 30 Minuten backen. Sie schmeckt heiß oder kalt.

Damit ein Hefeteig gelingt, müssen alle Zutaten Zimmertemperatur haben.

Mein Tipp:

Bärlauch-Kartoffel-Gratin

1 Die Kartoffeln waschen und in einem Topf mit wenig Salzwasser in 20 – 25 Minuten garen. Abgießen und noch heiß pellen, in etwa 3 Millimeter dicke Scheiben schneiden.

2 Eine Gratinform mit 1 Esslöffel Butter einfetten und die Kartoffeln fächerförmig einschichten.

3 Den Backofen auf 250 °C vorheizen. Zwiebel schälen und fein hacken. Bärlauch waschen, trockenschütteln und in feine Streifen schneiden.

4 Restliche Butter in einer Pfanne erhitzen, Zwiebel darin andünsten, Bärlauch und Sahne hinzugeben, aufkochen lassen. Mit Salz, Pfeffer und Muskat kräftig abschmecken. Die Bärlauchsahne über die Kartoffeln gießen und mit dem Käse bestreuen.

5 Den Gratin im Ofen (mittlere Schiene) 5 – 10 Minuten überbacken, bis der Käse zerlaufen ist. Aus dem Ofen nehmen und mit einem grünen Salat servieren. Passt aber auch zu Naturkotelett oder anderem kurz gebratenen Fleisch.

Wenn Sie das Gratin gern würziger mögen, nehmen Sie statt des Goudas einen Appenzeller oder einen pikanten Bergkäse.

Zubereitungszeit:
50 – 55 Minuten

1,2 kg fest kochende Kartoffeln

Salz

2 EL Butter

1 Zwiebel

1 Hand voll Bärlauchblätter

200 ml Sahne

Pfeffer

1 Prise frisch gemahlene Muskatnuss

50 g Gouda

Mein Tipp:

Blumenkohlgratin mit Bärlauch

Zubereitungszeit:
25 Minuten

1 Blumenkohl (etwa 1 kg)

2 Hand voll Bärlauchblätter

Salz

40 g Butter

40 g Mehl

70 ml Gemüsebrühe

200 ml Sahne

Pfeffer

200 g geriebener Gouda

Butter für die Form

1 Blumenkohl waschen, grüne Blätter entfernen und in Röschen teilen. Bärlauch waschen, trockenschütteln und in Streifen schneiden.

2 Die Blumenkohlröschen in einem Topf mit kochendem Salzwasser in 10 – 12 Minuten bissfest garen, abgießen.

3 Den Backofen auf 220 °C vorheizen. Eine Auflaufform einfetten.

4 In einem Topf die Butter erhitzen, das Mehl einstreuen und unter Rühren hellgelb anschwitzen. Die Gemüsebrühe angießen und unter Rühren aufkochen. Die Sahne einrühren und den Bärlauch hinzugeben. Mit Salz und Pfeffer abschmecken.

5 Die Blumenkohlröschen in die Auflaufform geben, mit der Bärlauch-Béchamel-Sauce übergießen, mit dem Käse bestreuen und im Ofen (mittlere Schiene) etwa 15 – 20 Minuten überbacken, bis der Käse zerlaufen und leicht gebräunt ist.

Mein Tipp:

Überbackener Löwenzahnkuchen

1 Löwenzahn waschen, trockenschütteln und hacken. Reichlich Salzwasser in einem Topf erhitzen und den Löwenzahn in 4 – 5 Minuten darin blanchieren. In ein Sieb abgießen und abtropfen lassen. Abkühlen lassen.

2 Backofen auf 180 °C vorheizen. Butter und Eigelbe mit dem Handrührgerät schaumig rühren. Nach und nach Quark, Mehl, Speisestärke und Schmand unterrühren. Mit Salz, Pfeffer, Thymian, Oregano und Rosmarin würzen.

3 Den Löwenzahn ausdrücken und untermischen. Eine Springform einfetten und mit Semmelbröseln ausstreuen. Die Löwenzahn-Quark-Masse einfüllen und glatt streichen.

4 Semmelbrösel und Käse mischen, über dem Kuchen verteilen.

5 Im Ofen (untere Schiene) etwa 1 Stunde backen. Aus dem Ofen nehmen, etwas abkühlen lassen und warm servieren.

Mein Tipp:

Für 1 Springform, Ø 26 cm

Zubereitungszeit:
35 – 40 Minuten

1 kg Löwenzahnblätter

1 TL Salz

100 g Butter

4 Eigelb

250 g Magerquark

150 g Mehl

3 EL Speisestärke

125 g Schmand

Salz

Pfeffer

je ¼ TL Thymian, Oregano und Rosmarin

150 g Semmelbrösel

100 g geriebener Gouda

Fett und Semmelbrösel für die Springform

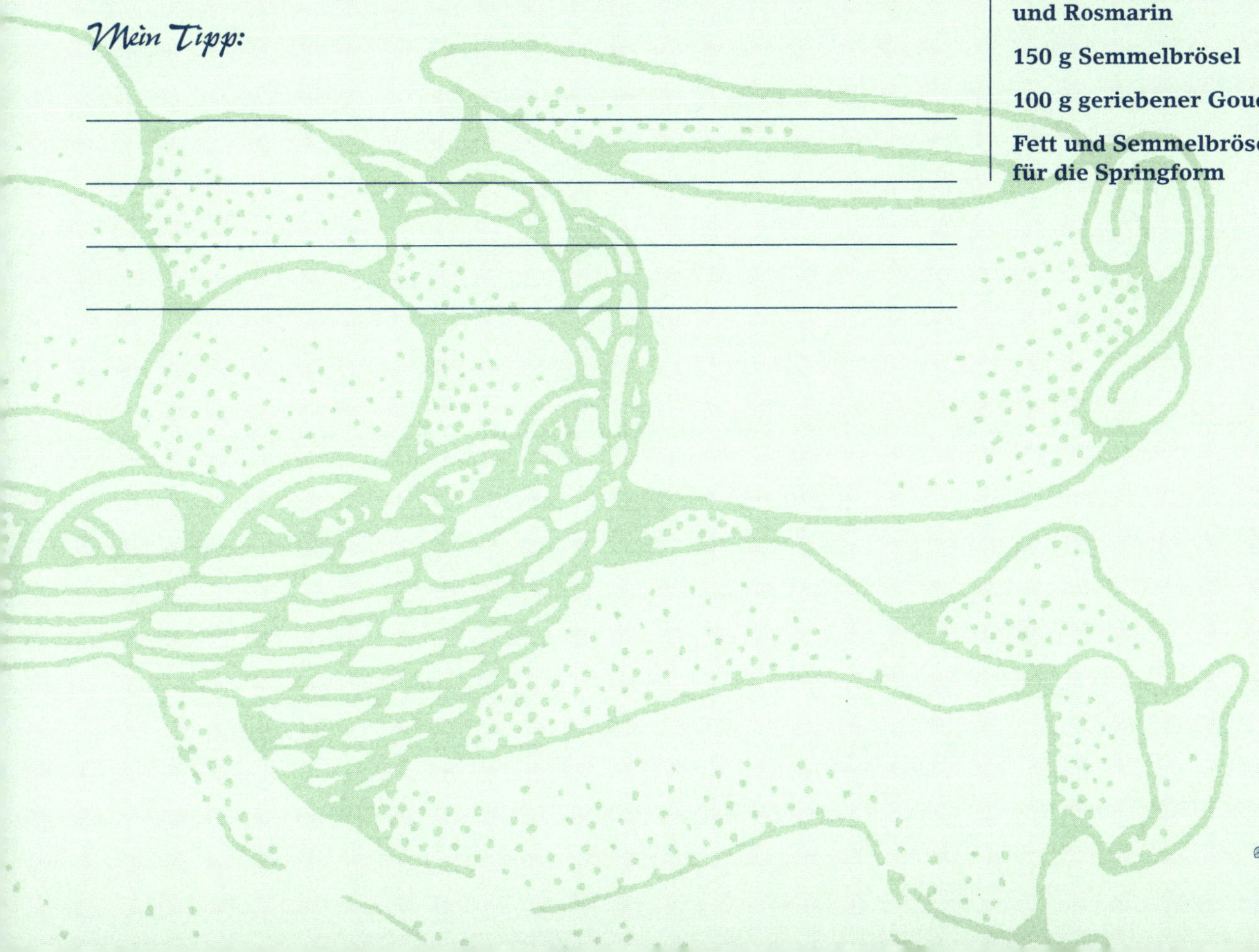

Bärlauchtaschen

Für 1 Backblech

Zubereitungszeit:
30 – 35 Minuten

300 g Blätterteig (tiefgekühlt)

1 Zwiebel

100 g Bärlauchblätter

250 g Quark

1 – 2 EL Sahne

3 Eier

Salz

Pfeffer

edelsüßes Paprikapulver

Mehl für die Arbeitsfläche

1 Blätterteig auftauen. Ein Backblech mit Backpapier auslegen.

2 Den Blätterteig auf einer bemehlten Arbeitsfläche dünn ausrollen. Ein Glas mit etwa 12 Zentimeter Durchmesser in Mehl tauchen und Kreise aus dem Teig stechen.

3 Zwiebel schälen und fein hacken. Bärlauch waschen, trockenschütteln und ohne Stiele ebenfalls fein hacken.

4 Den Quark mit der Sahne und 1 Ei verrühren, Zwiebel und Bärlauch dazu geben und mit Salz, Pfeffer und Paprika abschmecken.

5 Ein weiteres Ei verquirlen. 1 Teelöffel Bärlauchquark in die Mitte der Teigkreise setzen. Ränder mit Ei bepinseln. Die Teigkreise zusammenklappen, festdrücken und auf das Backblech legen.

6 Das letzte Ei trennen, mit dem Eigelb die Bärlauchtaschen bepinseln (Eiweiß anderweitig verwenden) und die Teigtaschen etwa 20 Minuten an einen kühlen Ort stellen. Den Backofen auf 220 °C vorheizen.

7 Die Bärlauchtaschen im Backofen (mittlere Schiene) etwa 15 – 20 Minuten backen, dann die Hitze auf 150 °C reduzieren und weitere 5 Minuten backen. Servieren Sie die Bärlauchtaschen heiß.

Mein Tipp:

Bärlauch-Spinat-Strudel

Zubereitungszeit:
etwa 35 Minuten

½ kg tiefgekühlter Blätterteig

½ kg Bärlauchblätter

½ kg Spinat

2 Zwiebeln

1 EL Olivenöl

400 g Schafskäse

1 – 2 EL Butter

Salz

Pfeffer

1 Eigelb

¼ l Sahne

1 Prise frisch gemahlene Muskatnuss

Mehl für die Arbeitsfläche

Backpapier für das Backblech

1 Den Blätterteig nach Packungsangabe auftauen lassen.

2 Inzwischen den Bärlauch und den Spinat waschen. In einem Topf etwa 1 Liter Wasser zum Kochen bringen und Bärlauch und Spinat darin in etwa 3 – 4 Minuten blanchieren. In ein Sieb abgießen, abtropfen und abkühlen lassen.

3 Zwiebeln schälen und fein würfeln. In einer kleinen Pfanne das Olivenöl erhitzen und die Zwiebeln darin glasig dünsten. Schafskäse würfeln.

4 Den Backofen auf 180 °C vorheizen. Ein Backblech mit Backpapier auslegen.

5 Die Butter zerlassen. Den Blätterteig auf einem sauberen, bemehlten Küchentuch zu einem Rechteck ausrollen. Mit Butter bestreichen.

6 Die Bärlauch-Spinat-Mischung auf dem Blätterteig verteilen. Zwiebeln und Schafskäse darüber geben, salzen und pfeffern. Mit Hilfe des Küchentuchs aufrollen. Den Strudel auf das Backblech legen. Mit Eigelb bepinseln.

7 Im Ofen (mittlere Schiene) etwa 45 Minuten backen. Den fertigen Strudel aus dem Ofen nehmen. Die Sahne steif schlagen und mit Salz, Pfeffer und Muskat abschmecken. Zum Strudel servieren.

Sie können statt Spinat auch Brennnesseln, Taubnesseln oder Giersch verwenden.

Mein Tipp:

Gierschlasagne

Zubereitungszeit:
etwa 45 Minuten

½ kg junge Gierschblätter

1 Zwiebel

1 Knoblauchzehe

2 EL Oliven- oder Bärlauchöl (siehe Seite 138)

Salz

Pfeffer

je ¼ TL getrockneter Oregano und Thymian

6 – 8 Tomaten

200 ml Sahne

200 ml Gemüsebrühe

12 – 14 Nudelteigplatten

2 – 3 Schmelzkäseecken

45 g Butter

15 g Mehl

⅛ l Milch

50 g geriebener Parmesan

1 Prise Muskatnuss

Butter für die Auflaufform

1 Giersch waschen und abtropfen lassen. Zwiebel und Knoblauch schälen und fein hacken.

2 Öl in einem Topf erhitzen, Zwiebel und Knoblauch darin andünsten, Giersch hinzugeben und etwa 5 Minuten mitdünsten, bis er zusammenfällt. Mit Salz, Pfeffer, Oregano und Thymian würzen.

3 Tomaten waschen, Stielansätze entfernen und in Scheiben schneiden. Sahne mit der Gemüsebrühe mischen. Eine Auflaufform buttern.

4 Den Backofen auf 220 °C vorheizen. Etwas vom Gierschgemüse in die Auflaufform geben, etwas von der Sahne-Brühe-Mischung hinzugeben und mit einer Schicht Nudelplatten abdecken. Wieder Gierschgemüse darauf verteilen, Tomatenscheiben darauf legen, mit Schmelzkäseflöckchen bestreuen und etwas von der Sahnebrühe darüber gießen. So fortfahren, bis das Gemüse und die Nudelplatten aufgebraucht sind.

5 15 Gramm Butter in einem kleinen Topf erhitzen. Mehl einstreuen und unter Rühren anschwitzen. Nach und nach soviel Milch angießen, dass eine sämige Sauce entsteht. Den Käse einrühren und mit Salz, Pfeffer und Muskat abschmecken.

6 Die Béchamelsauce über die Lasagne geben. Die restliche Butter in Flöckchen darauf verteilen. Im Ofen etwa 25 – 30 Minuten backen, bis die Nudeln weich sind (Packungsangabe). Die Lasagne aus dem Ofen nehmen und sofort servieren, zum Beispiel mit einem Wildkräutersalat.

Mein Tipp:

Cannelloni mit Bärlauch-Hackfleisch-Füllung

Zubereitungszeit:
etwa 45 Minuten

- **200 g Bärlauchblätter**
- **2 Zwiebeln**
- **4 EL Olivenöl**
- **400 g gemischtes Hackfleisch**
- **Salz**
- **Pfeffer**
- **1 Ei**
- **12 Cannelloni (Nudelsorte)**
- **2 Dosen Pizzatomaten (à 400 g)**
- **je ½ TL getrockneter Oregano, Basilikum, Thymian**
- **100 g geriebener Emmentaler**
- **20 g Butter**
- **Butter für eine weite Auflaufform**

1 Bärlauch waschen, trockenschütteln und fein hacken. Zwiebeln schälen und ebenfalls fein hacken.

2 In einer Pfanne das Öl erhitzen. Die Zwiebel darin glasig dünsten, Hackfleisch hineingeben und krümelig anbraten, mit Salz und Pfeffer würzen. Bärlauch hinzugeben und etwa 5 Minuten bei geringer Hitze mitdünsten. Die Bärlauch-Hackfleisch-Masse in eine Schüssel geben und etwas abkühlen lassen.

3 Den Backofen auf 180 °C vorheizen. Eine weite Auflaufform buttern.

4 Das Ei in die Schüssel mit der Bärlauch-Hackfleisch-Masse geben und gut untermischen. Mit einem Löffel die Bärlauch-Hackfleisch-Masse in die Nudeln füllen. Nebeneinander in die Auflaufform setzen.

5 Die gehackten Tomaten mit Salz, Pfeffer, Oregano, Basilikum und Thymian abschmecken und über die Cannelloni geben. Mit dem Käse bestreuen und die Butter in Flöckchen darauf verteilen.

6 Im Ofen (mittlere Schiene) etwa 45 Minuten backen. Dazu schmeckt ein grüner Salat.

Mein Tipp:

Vegetarische Hauptgerichte

Bärlauchpüree mit Austernpilzen

Zubereitungszeit:
etwa 25 Minuten

1,2 kg mehlig kochende Kartoffeln
Salz
400 g Austernpilze
½ Bund Petersilie
2 EL Olivenöl
2 – 3 EL Crème fraîche
Pfeffer
200 g Bärlauchblätter
1 EL Butter
400 ml Milch
1 Prise frisch geriebene Muskatnuss

1 Kartoffeln schälen, waschen und achteln. In einem Topf mit wenig Salzwasser in etwa 10 – 15 Minuten weich kochen.

2 Inzwischen die Pilze bei Bedarf mit einem Pinsel oder Küchenpapier säubern, in Streifen schneiden. Petersilie waschen, trockenschütteln und hacken. Das Öl in einer Pfanne erhitzen, die Pilze darin bei mittlerer Hitze etwa 5 – 7 Minuten unter Rühren anbraten. Petersilie und Crème fraîche hinzugeben und mit Salz und Pfeffer abschmecken.

3 Den Bärlauch waschen, Stiele abzupfen und in feine Streifen schneiden. In einem Topf die Butter erhitzen, Bärlauch darin andünsten, bis er zusammenfällt, anschließend mit dem Mixstab pürieren. Die Milch angießen und erhitzen.

4 Die fertigen Kartoffeln abgießen und mit dem Kartoffelstampfer zerdrücken. Die Bärlauchmilch unterrühren und mit Salz und Muskat würzen. Das Püree auf 4 Tellern anrichten und mit den Pilzen servieren.

Mein Tipp:

Kressequark-Kartoffeln

Zubereitungszeit:
etwa 20 Minuten

12 kleinere Kartoffeln
Salz
½ kg Sahnequark
⅛ – ¼ l Milch
Pfeffer
3 Hand voll Brunnenkresse

1 Kartoffeln waschen und in Salzwasser in etwa 20 Minuten garen. Zwischenzeitlich Quark mit Milch glatt rühren, salzen und pfeffern.

2 Kresse verlesen, gründlich waschen und trockenschleudern. Kresse klein schneiden und unter den Quark rühren. Fertige Kartoffeln pellen und dazu servieren.

Mein Tipp:

Bärlauchomelett mit Schafskäse und Tomaten

Zubereitungszeit:
20 – 25 Minuten

6 Tomaten

50 g Butter

6 – 8 Bärlauchblätter

10 Eier

Salz

Pfeffer

160 g Schafskäse

1 Tomaten heiß überbrühen, häuten, Stielansätze entfernen, vierteln, entkernen und würfeln.

2 10 Gramm Butter in einer Pfanne zerlassen und die Tomaten darin etwa 5 Minuten dünsten.

3 Inzwischen den Bärlauch waschen, trockenschütteln und fein hacken. Die Eier mit dem Bärlauch, etwas Salz und Pfeffer verquirlen.

4 10 Gramm Butter in der Pfanne erhitzen und ¼ der Eiermasse zugeben. In 3 – 4 Minuten goldbraun backen, dann wenden. Die restlichen Omeletts ebenso backen.

5 Schafskäse in kleine Würfel schneiden und mit den Tomatenstücken auf die heißen Omeletts geben, sofort servieren. Dazu passen Weißbrot und schwarze Oliven und ein Salat.

Statt mit Schafskäse können Sie das Omelett auch einmal mit Ziegenkäse probieren.

Mein Tipp:

Eier in Brunnenkressesauce

Zubereitungszeit:
etwa 25 Minuten

12 kleinere Kartoffeln
Salz
8 Eier
4 EL mittelscharfer Senf
4 EL Crème fraîche
4 – 5 Hand voll Brunnenkresse

1 Kartoffeln schälen, waschen, vierteln und in Salzwasser in 20 Minuten garen. Inzwischen die Eier in kochendem Wasser in 7 Minuten wachsweich kochen. Mit kaltem Wasser abschrecken. In einem Topf den Senf mit der Crème fraîche und 4 Esslöffel Wasser verrühren und kurz aufkochen lassen.

2 Brunnenkresse verlesen, waschen, trockenschleudern und grob kleinschneiden. Die Kresse in die fertige Sauce rühren, kurz erhitzen, aber nicht mehr kochen lassen. Die fertigen Kartoffeln abgießen, Eier pellen und mit den Kartoffeln auf 4 Tellern anrichten. Mit der Sauce übergießen.

Mein Tipp:

Bärlauchspätzle

Zubereitungszeit:
etwa 35 Minuten

200 g Bärlauchblätter
400 g Mehl
Salz
4 Eier
150 g Kochschinken
30 g Butter
⅛ l Weißwein
⅛ l Sahne
4 EL geriebener Käse
frisch gemahlener Pfeffer

1 Bärlauch waschen und tropfnass in einen Topf geben, erhitzen und zusammenfallen lassen. Abseihen und gut ausdrücken. Mit dem Stabmixer pürieren. Bärlauch, Mehl, Salz, Eier und etwa ⅛ Liter Wasser zu einem mittelfesten Teig verrühren und so lange schlagen, bis der Teig Blasen wirft und sich vom Schüsselrand löst. 30 Minuten ruhen lassen.

2 Salzwasser in einem weiten Topf erhitzen. Teig portionsweise durch einen Spätzlehobel in das siedende Wasser schaben. Wenn Spätzle oben schwimmen, mit einer Schaumkelle herausheben, in ein Sieb geben, kurz abschrecken und abtropfen lassen.

3 Schinken würfeln. Butter in einer großen Pfanne erhitzen. Schinken anbraten, mit dem Wein ablöschen und etwas einkochen lassen. Sahne dazu, salzen und pfeffern, Käse einrühren. Die Spätzle in dieser Mischung gut durchschwenken und sofort in einer vorgewärmten Schüssel servieren.

Mein Tipp:

Wildkräuterknödel

1 Brötchen in dünne Scheiben schneiden und mit der Milch befeuchten.

2 Schinken klein würfeln. Wildkräuter verlesen, waschen und ohne dicke Stiele fein hacken.

3 Zwiebel schälen, fein hacken. 30 Gramm Butter in einer Pfanne erhitzen, die Zwiebel darin andünsten, Wildkräuter zugeben und 5 Minuten mitdünsten. Etwas abkühlen lassen.

4 Eier, Schinken und Wildkräutermischung zu den Brötchen geben, mit Salz, Pfeffer und 1 Prise Muskatnuss würzen, Mehl und Semmelbrösel untermischen.

5 Aus der Masse mit feuchten Händen 12 kleine Knödel formen und in reichlich Salzwasser etwa 15 Minuten leicht kochen lassen.

6 Restliche Butter erhitzen und leicht bräunen. Die fertigen Knödel mit der Butter übergießen und mit Käse bestreut servieren.

Statt mit Butter und Käse, können Sie die Wildkräuterknödel auch mit Tomatensauce und Salat oder in einer Fleischbrühe servieren.

Mein Tipp:

Zubereitungszeit:
etwa 45 Minuten

300 g altbackene Brötchen oder Weißbrot vom Vortag

1/8 – 1/4 l lauwarme Milch

100 g rohen oder gekochten Schinken

2 – 3 Hand voll Wildkräuter (zum Beispiel Brennnessel, Löwenzahn, Giersch, Sauerampfer, Bärlauch)

1 kleine Zwiebel

110 g Butter

2 Eier

Salz

Pfeffer

frisch gemahlene Muskatnuss

1 EL Mehl

2 EL Semmelbrösel

4 EL geriebener Käse (Emmentaler oder Parmesan)

Omelett mit Bärlauch-Käse-Füllung

Zubereitungszeit:
etwa 35 – 40 Minuten

Für die Omeletts:

8 frische Eier

2 EL Mehl

etwas Salz

8 EL Milch

reichlich Butter zum Ausbacken

Für die Füllung:

½ kg Bärlauchblätter

50 ml Sahne

200 g Mozzarella

1 Den Backofen auf 100 °C vorheizen. Eier, Mehl, Salz und Milch in einer Schüssel gut verschlagen.

2 Die Butter in einer Pfanne erhitzen, aber nicht bräunen und mit einer Schöpfkelle etwas Teig hineingeben. Bei schwacher Hitze dünne Omeletts backen. Die Omeletts sollen locker, weich und feucht bleiben. Fertige Omeletts auf einem vorgewärmten Teller im Backofen warm halten. So fortfahren, bis alle Omeletts gebacken sind.

3 Bärlauch waschen, tropfnass in einen Topf geben und zusammenfallen lassen, in ein Sieb abgießen, gut ausdrücken und grob hacken. Bärlauch mit der Sahne in einem Topf erhitzen. Mozzarella abtropfen lassen, würfeln und hinzugeben. Unter Rühren etwa 5 Minuten köcheln, bis der Käse geschmolzen ist.

4 Bärlauch-Käse-Masse auf den Omeletts verteilen, zusammenklappen und sofort servieren. Dazu passt ein grüner Salat.

Mein Tipp:

Vollkornpfannkuchen mit Taubnessel-Bärlauch-Füllung

1 Eier, Mehl, Salz und so viel Milch verrühren, dass ein dickflüssiger Teig entsteht. Mindestens 10 – 15 Minuten ruhen lassen.

2 Inzwischen Taubnesseln waschen und tropfnass in einen Topf geben, mit etwa ¼ Liter Salzwasser übergießen und zum Kochen bringen. Etwa 10 Minuten köcheln lassen, in ein Sieb abgießen und im Mixer pürieren.

3 Bärlauch waschen, trockenschütteln und grob hacken.

4 In einem Topf die Butter erhitzen, das Mehl hinzugeben und hellgelb anschwitzen, nach und nach die Milch angießen, Taubnesselpüree und Bärlauch hinzugeben und kurz aufkochen lassen, mit Salz, Pfeffer und Muskat abschmecken. Crème fraîche einrühren und erhitzen.

5 In einer Pfanne 3 – 4 Esslöffel Öl erhitzen. Mit einer Schöpfkelle portionsweise Teig in die Pfanne gießen und bei mittlerer Hitze dicke Pfannkuchen backen. Wenn die Pfannkuchen auf der Unterseite goldbraun sind, umdrehen und in etwa 2 Minuten fertig backen.

6 Auf eine Hälfte der Vollkornpfannkuchen reichlich Taubnessel-Bärlauch-Gemüse geben, zusammenklappen und servieren.

Natürlich können Sie diese Füllung auch mit Brennnesseln oder Giersch zubereiten.

Mein Tipp:

Zubereitungszeit:
30 – 40 Minuten

Für den Teig:

3 Eier

170 g Dinkelmehl

1 Prise Salz

⅛ – ¼ l Milch

reichlich Öl zum Ausbacken

Für die Füllung:

800 g Taubnesselblätter

Salz

1 Hand voll Bärlauchblätter

3 EL Butter

3 EL Mehl

½ l Milch

Pfeffer

1 Prise frisch gemahlene Muskatnuss

150 g Crème fraîche

Brennnesselgemüse mit Spiegeleiern

Zubereitungszeit:
etwa 45 Minuten

1 kg Brennnesselblätter

1 Zwiebel

30 g Butter

30 g Mehl

¼ l Gemüsebrühe

¼ l Sahne

Salz

Pfeffer

1 Prise frisch gemahlene Muskatnuss

2 EL Öl

8 frische Eier

1 Brennnesseln 15 Minuten in kaltem Wasser einweichen, damit sie nicht mehr brennen, anschließend waschen. In einen Topf mit wenig kochendem Wasser geben und in etwa 15 – 20 Minuten weich dünsten. In ein Sieb abgießen, abtropfen lassen und im Mixer pürieren.

2 Zwiebel schälen und klein würfeln.

3 Die Butter in einem Topf erhitzen und die Zwiebel darin glasig dünsten. Brennnesseln zugeben und mit dem Mehl bestäuben. Durchrühren und die Brühe angießen. Sahne hinzugeben, erhitzen und mit Salz, Pfeffer und Muskat abschmecken.

4 Öl in einer großen Pfanne (oder 2 Pfannen) erhitzen, Eier aufschlagen und hineingeben, salzen und pfeffern und etwa 4 – 5 Minuten braten, bis das Eiweiß gestockt ist, das Eigelb sollte noch flüssig sein.

5 Brennnesselgemüse mit den Eiern servieren. Dazu passen Salzkartoffeln.

Brennnesseln sind wahre Vitamin-C-Bomben: 100 Gramm frische Brennnesseln enthalten 333 Milligramm Vitamin C. Im Vergleich dazu hat die gleiche Menge Kopfsalat nur 13 Milligramm Vitamin C.

Mein Tipp:

Bärlauch-Spargel

Zubereitungszeit:
30 – 35 Minuten

2 kg weißer Spargel

4 – 5 Hand voll Bärlauchblätter

Salz

1 Prise Zucker

200 g Butter

4 Eigelb

140 ml Gemüsebrühe

1 EL Zitronensaft

Pfeffer

1 Den Spargel schälen, die holzigen Enden entfernen und waschen. Den Bärlauch waschen, trockenschleudern und in dünne Streifen schneiden. 2½ Liter Salzwasser in einem Topf zusammen mit Zucker und 1 Teelöffel Butter aufkochen lassen. Spargel hinzugeben und in etwa 15 – 18 Minuten bissfest garen. Inzwischen die restliche Butter in einer Pfanne zerlassen.

2 Eine Metallschüssel in einen Topf mit heißem Wasser hängen. Eigelbe, Gemüsebrühe und 140 Milliliter vom Spargelwasser in der Schüssel mit dem Mixer schaumig rühren und nach und nach die zerlassene Butter hinzugeben. ⅔ des Bärlauchs unterheben und mit Zitronensaft, Salz und Pfeffer abschmecken.

3 Den Spargel aus dem Topf heben und auf vorgewärmten Tellern anrichten, mit der Bärlauchhollandaise überziehen und mit dem übrigen Bärlauch garnieren. Dazu passen neue Kartoffeln.

Mein Tipp:

____

____

Rucolagemüse

Zubereitungszeit:
etwa 25 Minuten

300 g Rucola

1 gelbe und 1 rote Paprikaschote

2 Zwiebeln, 4 EL Olivenöl

⅛ l Gemüsebrühe

Salz, Pfeffer

je ¼ TL Kurkuma und Koriander

1 – 2 Messerspitze Sambal Oelek (oder eine andere scharfe Würzpaste)

100 g Schafskäse

150 g Joghurt (3,5 %)

1 Rucola waschen, trockenschütteln und in mundgerechte Stücke zupfen. Paprika waschen, putzen und in dünne Streifen schneiden. Zwiebeln schälen, halbieren und in Streifen schneiden.

2 Öl in einer großen Pfanne erhitzen, Paprika und Zwiebeln darin anbraten, Rucola hinzugeben und kurz mitbraten. Brühe angießen, mit Salz, Pfeffer, Kurkuma, Koriander und Sambal Oelek abschmecken. Etwa 5 Minuten bei geringer Hitze köcheln lassen.

3 Den Schafskäse mit einer Gabel zerdrücken und mit dem Joghurt mischen. Das Rucolagemüse auf Tellern anrichten. Etwas von der Joghurt-Käse-Mischung daraufgeben und servieren. Dazu passt Reis.

Mein Tipp:

____

____

Taubnesselomelett

Zubereitungszeit:
etwa 35 Minuten

100 g Taubnesselblätter
20 g Butter
3 Eier
100 g Mehl
50 g Weizenvollkornmehl
Salz
200 ml Buttermilch
reichlich Öl zum Ausbacken

1 Taubnesseln verlesen, waschen, trockenschleudern und fein hacken. Butter in einer Pfanne erhitzen und die Taubnesseln darin etwa 5 – 10 Minuten dünsten. Vom Herd nehmen und abkühlen lassen. Eier trennen. Eigelbe mit den beiden Mehlsorten, Salz und Buttermilch zu einem glatten Teig verrühren. 10 – 15 Minuten ruhen lassen.

2 Eiweiße zu steifem Schnee schlagen. Taubnesseln in den Teig rühren und den Eischnee unterheben. Öl in einer Pfanne erhitzen, mit einer Suppenkelle etwas Teig in die Pfanne geben und bei mittlerer Hitze in 5 – 6 Minuten auf beiden Seiten goldbraun backen. So fortfahren, bis alle Omeletts gebacken sind. Mit einem frischen Salat servieren.

Diese Omeletts können Sie auch mit Giersch oder Brennnesseln ausprobieren.

Mein Tipp:

Bärlauch-Spinat-Gemüse

Zubereitungszeit:
etwa 35 Minuten

700 g Bärlauchblätter
700 g Spinat
1 Zwiebel
40 g Butter
40 g Mehl
½ l Fleischbrühe
100 ml Sahne
Salz
Pfeffer
1 Prise frisch gemahlene Muskatnuss

1 Bärlauch und Spinat verlesen, waschen und grob hacken. Zwiebel schälen und fein hacken. In einem großen Topf die Butter erhitzen. Zwiebel darin glasig dünsten, mit dem Mehl bestäuben und hellgelb anschwitzen. Unter ständigem Rühren nach und nach die Brühe angießen. Bärlauch und Spinat hinzugeben und etwa 10 – 15 Minuten bei geringer Hitze garen.

2 Die Sahne einrühren und mit Salz, Pfeffer und Muskat abschmecken. Das Bärlauch-Spinat-Gemüse passt zu gedünstetem Fisch, Rinderbraten oder einfach zu Salzkartoffeln.

Sie können dieses Gemüse auch einmal nur mit Bärlauch statt mit Spinat probieren. Es schmeckt dann natürlich intensiver.

Mein Tipp:

Kartoffelpfanne mit Giersch und Speck

1 Kartoffeln schälen, waschen und in dünne Scheiben schneiden. Giersch waschen, trockenschütteln und in Streifen schneiden. Speck würfeln. Knoblauch schälen.

2 Das Öl in einer großen Pfanne erhitzen, Kartoffeln hinzugeben und anbraten. Knoblauch durch die Presse drücken und mit dem Speck in die Pfanne geben. Bei mittlerer Hitze etwa 20 Minuten braten, dabei mehrmals wenden.

3 Käse und Giersch über die Kartoffelmischung geben und vorsichtig mit einem Pfannenspatel unterheben. Weiter backen, bis der Käse zerlaufen ist, und die Kartoffeln goldbraun sind. Dazu passt ein gemischter Salat.

Mein Tipp:

Zubereitungszeit:
45 – 50 Minuten

700 g Kartoffeln

200 g Gierschblätter

150 g geräucherter Speck (ohne Schwarte)

1 Knoblauchzehe

5 – 6 EL Öl

250 g geriebener Bergkäse

Salz

Pfeffer

Kartoffelplätzchen in Schafgarbenbutter

Zubereitungszeit:
etwa 25 Minuten

1 kg mehlig kochende Kartoffeln (vorgekocht)

2 EL Dinkelmehl

Salz

Pfeffer

¼ – ½ TL getrockneter Majoran

eventuell 1 – 2 EL Semmelbrösel

2 Hand voll junge Schafgarbenblätter

reichlich Butter und Öl zum Braten

1 Die schon am Vortag gekochten Kartoffeln schälen, durch die Kartoffelpresse drücken und in einer Schüssel mit dem Mehl verkneten, mit Salz, Pfeffer und Majoran würzen. Ist der Teig zu flüssig, noch etwas Semmelbrösel zugeben, ist er zu fest, etwas Wasser unterkneten.

2 Den Teig zu einer Rolle von etwa 4 – 5 Zentimetern formen. Mit einem Messer etwa 1 Zentimeter dicke Scheiben abschneiden.

3 In einem weiten Topf 1 Liter Salzwasser aufkochen, die Kartoffelplätzchen portionsweise hineingeben und garen, bis sie oben schwimmen. Mit einem Schaumlöffel herausnehmen und abtropfen lassen.

4 Inzwischen die Schafgarbe waschen, trockenschütteln und fein hacken.

5 In einer Pfanne 1 Esslöffel Öl und 1 Esslöffel Butter erhitzen, einen Teil der Schafgarbenblätter und portionsweise Kartoffelplätzchen hinzugeben. Etwa 3 – 5 Minuten backen, bis sie auf der Unterseite goldbraun sind, umdrehen und in 2 – 3 Minuten fertig backen. Herausnehmen und warm stellen. So fortfahren, bis alle Kartoffelplätzchen gebacken sind. Dazu passt ein frischer grüner Salat oder Spargelsalat.

Zerreibt man die Blättchen und Blüten von Schafgarbe zwischen den Fingern, duften sie stark aromatisch und moschusartig. Am besten schmecken die zarten Blätter noch vor der Blüte.

Mein Tipp:

Linsencurry mit Brunnenkresse

Zubereitungszeit: **etwa 30 Minuten**

- **200 g Reis**
- **2 Zwiebeln**
- **1 Knoblauchzehe**
- **1 Stück frische Ingwerwurzel (etwa 4 cm)**
- **3 EL Öl**
- **1 l Gemüsebrühe**
- **1 – 2 EL Currypulver**
- **200 g rote Linsen**
- **2 Bananen**
- **1 – 2 Hand voll Brunnenkresse**
- **Salz**

1 Reis waschen. Zwiebeln, Knoblauch und Ingwer schälen und fein hacken.

2 Öl in einem Topf erhitzen, Zwiebeln, Knoblauch und Ingwer darin anbraten. Mit der Brühe aufgießen, Reis und Curry hinzugeben und zugedeckt bei mittlerer Hitze etwa 10 Minuten köcheln lassen.

3 Linsen waschen, abtropfen lassen und hinzugeben und alles zugedeckt weitere etwa 10 Minuten garen.

4 Inzwischen die Bananen schälen und in Scheiben schneiden. Brunnenkresse verlesen, waschen, trockenschütteln und hacken. Das Linsencurry mit Salz abschmecken auf 4 Teller verteilen. Mit den Bananenscheiben und der Kresse garniert servieren.

Rote Linsen sind sehr klein und haben keine harte Schale, deshalb sind sie sehr schnell gar. Wenn Sie andere Linsen verwenden wollen, geben Sie zuerst die Linsen in die Brühe, lassen alles bis etwa 15 – 20 Minuten vor Ende der Garzeit köcheln und geben dann erst den Reis dazu. Übrigens: Linsengerichte sollten Sie immer erst zum Schluss salzen, da sich sonst ihre Kochzeit verlängern kann.

Mein Tipp:

Wildkräuterspätzle in Käse-Sahne-Sauce

Zubereitungszeit:
etwa 40 Minuten

Für die Spätzle:

3 – 4 Hand voll gemischte Wildkräuter (zum Beispiel Brennnessel, Sauerampfer, Schafgarbe, Löwenzahn, Rucola, Bärlauch)

½ kg Mehl

4 Eier

Salz

Für die Sauce:

2 EL Olivenöl

200 g Frischkäse

200 ml Sahne

Salz

Pfeffer

1 Prise Cayennepfeffer

1 Wildkräuter verlesen, waschen, trockenschleudern und fein hacken.

2 Mehl, Eier, Salz und etwa ¼ Liter Wasser zu einem Teig verrühren, die Wildkräuter hinzugeben und den Teig so lange schlagen bis er Blasen wirft und sich vom Schüsselrand löst. 30 Minuten ruhen lassen.

3 Salzwasser in einem weiten Topf erhitzen. Teig portionsweise durch ein Spätzlehobel in das siedende Wasser schaben. Wenn Spätzle oben schwimmen, mit einer Schaumkelle herausheben, in ein Sieb geben, kurz abschrecken und abtropfen lassen.

4 Für die Sauce das Olivenöl in einem Topf erhitzen, den Frischkäse hinzugeben und bei geringer Hitze unter Rühren schmelzen. Die Sahne hinzugeben und alles kurz aufkochen. Mit Salz, Pfeffer und Cayennepfeffer abschmecken.

5 Die Spätzle auf 4 Teller verteilen und die Sauce darüber geben. Dazu passt Tomatensalat.

Wildkräuterspätzle passen auch gut als Beilage zu Fleischgerichten.

Mein Tipp:

Bärlauchpflanzerl

1 Bärlauch waschen, Stiele entfernen und tropfnass in einen Topf geben. Aufkochen und in etwa 3 Minuten zusammenfallen lassen. In ein Sieb abgießen, etwas abkühlen lassen, gut ausdrücken und grob hacken.

2 In einer Schüssel Bärlauch mit Frischkäse, Ei, Semmelbröseln und Käse durchmischen, mit Salz und Pfeffer abschmecken.

3 In einer Pfanne etwas Öl erhitzen. Die Bärlauch-Frischkäse-Masse mit einer kleinen Schöpfkelle in die Pfanne setzen und mit dem Pfannenwender rund formen. Bärlauchpflanzerl bei mittlerer Hitze in etwa 5–6 Minuten goldbraun braten, dabei einmal wenden. Dazu passt ein gemischter Salat oder Gemüse, zum Beispiel Spargel, Erbsen, Kohlrabi und Kartoffeln.

Zubereitungszeit:
etwa 30 Minuten

½ kg Bärlauchblätter

250 g Frischkäse

1 Ei

4 EL Semmelbrösel

40 g geriebener Emmentaler

Salz

Pfeffer

Öl zum Braten

Mein Tipp:

Roter Gierschrisotto

Zubereitungszeit:
etwa 40 Minuten

1 Zwiebel

4 EL Oliven- oder Bärlauchöl (siehe Seite 138)

200 g Risottoreis (zum Beispiel Carnaroli oder Arborio)

150 ml Gemüsebrühe

½ l Tomatensaft

je ¼ TL getrockneter Thymian und Oregano

Salz

Pfeffer

4 Tomaten

400 g Gierschblätter

1 Hand voll gemischte Wildkräuter (zum Beispiel Bärlauch, Löwenzahn, Brunnenkresse, Brennnessel)

1 Zwiebel schälen und klein würfeln. In einem Topf 2 Esslöffel Öl erhitzen und die Zwiebel darin andünsten.

2 Reis waschen, abtropfen lassen und hinzugeben. Unter Rühren etwa 5 Minuten anbraten. Die Gemüsebrühe angießen und unter Rühren einkochen lassen. So viel Tomatensaft angießen, dass der Reis gerade bedeckt ist, und unter Rühren weiterkochen, bis die Flüssigkeit fast verdampft ist. So fortfahren, bis der Reis gar ist, das dauert etwa 20 – 25 Minuten. Mit Thymian, Oregano, Salz und Pfeffer abschmecken.

3 Tomaten waschen, Stielansätze herausschneiden und klein würfeln. Giersch waschen, trockenschleudern und grob hacken. Wildkräuter waschen, trockenschütteln und fein hacken.

4 In einer Pfanne das restliche Öl erhitzen, Giersch zugeben und 5 Minuten dünsten. Tomaten dazugeben und noch etwa 5 Minuten dünsten. Mit Salz und Pfeffer würzen.

5 Gemüse unter den Reis heben und mit den gehackten Wildkräutern bestreut servieren. Dazu passt ein grüner Salat.

Statt mit Giersch können Sie diesen Risotto auch mit Brennnesseln oder Taubnesseln zubereiten.

Mein Tipp:

Brennnessel-Graupen-Risotto mit gebratenen Pilzen

1 Die Graupen über Nacht in kaltem Wasser einweichen.

2 Graupen abseihen und abtropfen lassen. Brennnesseln kurz überbrühen, waschen und in Streifen schneiden. Zwiebel schälen und fein hacken.

3 Das Öl in einem Topf erhitzen und die Zwiebel darin andünsten, die Graupen hinzugeben und glasig dünsten. Brühe und Wein mischen und so viel angießen, dass die Graupen bedeckt sind. Unter gelegentlichem Umrühren weiterkochen, bis die Flüssigkeit eingesogen ist. Erneut von der Brühe-Wein-Mischung zugießen und so fortfahren bist die Graupen gar sind, das dauert etwa 40 Minuten.

4 Inzwischen die Champignons mit Küchenkrepp säubern, in Scheiben schneiden. Zwiebel schälen und fein hacken. Speck würfeln. Petersilie waschen, trockenschleudern und hacken.

5 Den Speck in einer Pfanne ohne Fett knusprig ausbraten, aus der Pfanne nehmen und im verbliebenen Fett die Pilze anbraten, Zwiebel und Petersilie hinzugeben und kurz mitbraten. Speck zugeben und mit Salz und Pfeffer abschmecken.

6 Kurz vor dem Servieren die Butter, den Parmesan und die Brennnesseln in den Risotto rühren. Mit Salz und Pfeffer würzen.

7 Den Brennnessel-Graupen-Risotto auf tiefe Teller verteilen, die gebratenen Pilze darauf setzen und mit einem Salat servieren.

Soll der Risotto als Vorspeise gereicht werden, reicht die halbe Menge.

Zubereitungszeit:
etwa 1 Stunde

Für den Risotto:

400 g Perlgraupen

4 Hand voll junge Brennnesselblätter

1 große Zwiebel

4 – 5 EL Olivenöl

600 ml Fleischbrühe

400 ml trockener Weißwein

100 g Butter

120 g geriebener Parmesan

Salz

Pfeffer

Für die Pilze:

600 g Champignons

1 Zwiebel

20 g Räucherspeck ohne Schwarte

½ Bund Petersilie

Salz

Pfeffer

Mein Tipp:

Bärlauchgemüse mit Reis

Zubereitungszeit:
15 – 20 Minuten

200 g Basmatireis

Salz, ½ kg Bärlauch

2 Zwiebeln

1 Stück frischer Ingwer (etwa 2,5 – 3 cm)

2 EL Öl

1 Messerspitze Cayennepfeffer

1 TL Currypulver

½ TL gemahlener Koriander

200 ml Sahne

1 Basmatireis waschen und in leicht gesalzenem Wasser nach Packungsangabe etwa 12 – 15 Minuten garen. Inzwischen Bärlauch waschen, trockenschleudern. Zwiebeln und Ingwer schälen, Zwiebel halbieren und in dünne Streifen schneiden, Ingwer fein hacken.

2 In einem Topf das Öl erhitzen, Zwiebel und Ingwer darin andünsten. Cayennepfeffer, Curry und Koriander hinzugeben und kurz mitdünsten. Bärlauch zugeben und unter Rühren zusammenfallen lassen. Sahne angießen, aufkochen lassen, eventuell mit Salz abschmecken und zum fertigen Reis servieren.

Mein Tipp:

Bärlauch-Tofu-Nockerl in Wildkräutersauce

Zubereitungszeit:
etwa 35 Minuten

8 kleine Tomaten

4 – 5 Bärlauchblätter

5 Champignons

5 EL Olivenöl

150 g Räuchertofu

1 EL mittelscharfer Senf

2 EL Crème fraîche, Salz

3 Bund gemischte Wildkräuter (zum Beispiel Bärlauch, Löwenzahn, Brunnenkresse, Brennnessel, Rucola, Sauerampfer)

200 ml Gemüsebrühe

Pfeffer

1 Tomaten heiß überbrühen, häuten, Stielansätze entfernen, vierteln und entkernen. Bärlauch waschen, trockenschütteln und fein hacken. Champignons mit Küchenpapier abreiben und klein würfeln.
1 Esslöffel Öl in eine Pfanne geben und Pilze darin kurz andünsten.

2 Den Räuchertofu mit einer Gabel zerdrücken. Champignons, Bärlauch, Senf und Crème fraîche untermischen. Eventuell mit Salz abschmecken. 1 – 2 Stunden abgedeckt kalt stellen. Für die Sauce die Wildkräuter verlesen, waschen, trockenschütteln und ohne die dicken Stiele grob zerkleinern. Mit der Gemüsebrühe im Mixer fein pürieren, mit Salz und Pfeffer abschmecken.

3 Die Sauce auf 4 Teller verteilen. Aus der Tofumasse mit 2 Esslöffeln 12 Nockerl formen und je 3 mit Tomatenvierteln auf 1 Teller anrichten.

Mein Tipp:

Brennnesselnockerl in Butter

Zubereitungszeit:
etwa 1 Stunde

360 g mehlig kochende Kartoffeln

300 g Brennnesseln

3 Zwiebeln

2 Eier

160 g Mehl

Salz

4 – 5 EL Butter

60 g Parmesan

1 Kartoffeln waschen und in wenig Wasser in etwa 20 – 25 Minuten weich kochen.

2 Brennnesseln heiß überbrühen, waschen und in einem Topf mit Wasser in etwa 15 Minuten garen, in ein Sieb abgießen, abtropfen lassen, ausdrücken und grob zerkleinern.

3 Zwiebeln schälen und hacken. Brennnesseln und Zwiebeln in einer Schüssel mischen. Mit dem Mixstab pürieren. Kartoffeln abgießen, abschrecken und noch heiß pellen, durch die Kartoffelpresse drücken und abkühlen lassen.

4 Brennnesselpüree mit Kartoffeln, Eiern, Mehl und Salz mischen, sodass ein nicht zu fester Teig entsteht. Sollte der Teig zu fest sein, ein bisschen Wasser oder noch ein Eigelb hinzugeben, ist er zu weich, noch etwas Mehl unterkneten.

5 In einem weiten Topf Salzwasser erhitzen. Mit 2 Esslöffeln Nockerl aus dem Teig abstechen, in das heiße Wasser geben und etwa 7 – 10 Minuten garen. Mit einem Schaumlöffel herausnehmen und abtropfen lassen.

6 In einer großen Pfanne die Butter leicht anbräunen. Nockerl auf 4 Teller verteilen und mit der Butter übergießen. Mit Parmesan bestreut servieren. Dazu schmeckt ein Wildkräutersalat (siehe Seite 54).

Mein Tipp:

Rigatoni mit Rucolasauce

Zubereitungszeit:
20 – 25 Minuten

½ kg Rigatoni
Salz
75 g Petersilie
85 g Rucola
⅛ l Gemüsebrühe
70 ml Olivenöl
50 g geriebener Parmesan
Pfeffer

1 Die Nudeln in reichlich kochendem Salzwasser nach Packungsangabe bissfest kochen.

2 Inzwischen Petersilie und Rucola waschen, trockenschleudern, die dicken Stiele entfernen und grob hacken.

3 In einem Topf die Gemüsebrühe erwärmen, aber nicht zu heiß werden lassen oder kochen.

4 Das Olivenöl dazugeben, die Petersilie und den Rucola hinzugeben und mit dem Stabmixer kurz pürieren. Käse hinzugeben und noch einmal gut durchmixen, mit Salz und Pfeffer abschmecken.

5 Die fertigen Nudeln abgießen, in eine Servierschüssel geben und mit der Rucolasauce vermischen.

Mein Tipp:

Tortellini in Bärlauchsauce

1 In einem großen Topf reichlich Salzwasser zum Kochen bringen. Die Nudeln nach Packungsangabe bissfest garen. Inzwischen für die Sauce den Bärlauch waschen, trockenschütteln und fein hacken. Zwiebel schälen und klein würfeln.

2 Öl in einer Pfanne erhitzen und Zwiebel darin glasig dünsten. Mit dem Fond ablöschen, Sahne angießen und cremig einkochen lassen. Mit Salz, Zucker, Pfeffer und Zitronensaft abschmecken.

3 Tortellini durch ein Sieb abgießen, abtropfen lassen und zur Sauce geben. Bärlauch einrühren und sofort auf 4 Teller verteilen und servieren. Dazu passt ein grüner Salat oder Tomatensalat.

Mein Tipp:

Zubereitungszeit:
etwa 20 Minuten

Salz

400 g Tortellini mit Käsefüllung

3 – 4 Hand voll Bärlauch

1 Zwiebel

3 EL Olivenöl

125 ml Geflügelfond (aus dem Glas)

½ l Sahne

1 Prise Zucker

Pfeffer

1 – 2 EL Zitronensaft

Spaghetti in Scharbockskraut-Feldsalat-Sauce

1 Die Nudeln nach Packungsangabe in reichlich Salzwasser bissfest kochen. Inzwischen Scharbockskraut und Feldsalat gründlich waschen, trockenschleudern und Feldsalatrosetten zerpflücken.

2 In einem kleinen Topf die Sahne mit der Crème fraîche mischen und erhitzen, mit Salz und Muskat abschmecken.

3 Die Nudeln abgießen, mit dem Olivenöl mischen und in eine vorgewärmte Schüssel geben.

4 Scharbockskraut und Feldsalat zur Sahne geben (nicht mehr kochen) und unter die Nudeln mischen.

Mein Tipp:

Zubereitungszeit:
etwa 20 Minuten

½ kg Spaghetti

Salz

2 Hand voll junge Scharbockskrautblätter

100 g Feldsalat

¼ l Sahne

1 – 2 EL Crème fraîche

1 Prise frisch geriebene Muskatnuss

2 EL Olivenöl

Spaghetti mit Rucola und eingelegten Pilzen

Zubereitungszeit:
etwa 25 Minuten

100 g grüne Oliven
4 kleine rote Chilischoten
4 Knoblauchzehen
½ kg gemischte Pilze in Öl (aus dem Glas)
60 g Rucola
2 Minzezweige
400 g Spaghetti
Salz
40 g Haselnussblättchen
Pfeffer
100 g Parmesan

1 Oliven halbieren, entsteinen und grob hacken. Chilischoten längs halbieren, entkernen und fein hacken. Knoblauch schälen und durch die Presse drücken.

2 Die Pilze in ein Sieb schütten und abtropfen lassen, dabei das Öl auffangen. Rucola und Minze waschen und trockenschütteln. Minzeblättchen von den Stielen zupfen. Rucola und Minze in feine Streifen schneiden und in eine große Servierschüssel geben.

3 Nudeln nach Packungsangabe in reichlich kochendem Salzwasser bissfest garen.

4 In einer Pfanne die Haselnussblättchen ohne Öl goldbraun rösten. Aus der Pfanne nehmen und beiseite stellen. 3 Esslöffel Pilzöl in der Pfanne erhitzen und Knoblauch und Chili darin andünsten. Pilze und Oliven hinzugeben und kurz mitdünsten.

5 Spaghetti abgießen und kurz abtropfen lassen. Haselnüsse und Pilzmischung in die Schüssel mit der Rucola und Minze geben. Nudeln unterheben und mit Salz und Pfeffer abschmecken. Den Parmesan darüber hobeln.

Mein Tipp:

Bandnudeln mit Brennnesselgemüse

1 Brennnesseln verlesen, kurz heiß überbrühen, waschen und in schmale Streifen schneiden. Tomaten heiß überbrühen, häuten, Stielansätze entfernen und klein schneiden.

2 Die Nudeln nach Packungsangabe in einem Topf mit reichlich Salzwasser bissfest garen.

3 Inzwischen Bärlauch waschen, trockenschütteln und hacken. Zwiebel schälen und klein würfeln.

4 Öl in einer großen Pfanne erhitzen. Zwiebel kurz anbraten, Bärlauch und Brennnesseln hinzugeben und etwa 5 Minuten braten. Tomaten zugeben, salzen und pfeffern, weitere 5 Minuten garen.

5 Die fertigen Nudeln abgießen, in eine vorgewärmte Schüssel füllen und mit dem Brennnesselgemüse vermischen.

Mit einem grünen Salat und Parmesan oder als Beilage zu gebratenem Fleisch oder Fisch servieren.

Wenn Sie dieses Gericht im Sommer zubereiten wollen, wenn es keinen frischen Bärlauch mehr gibt, können Sie entweder 1 – 2 Knoblauchzehen verwenden oder tiefgefrorenen Bärlauch.

Zubereitungszeit:
etwa 30 Minuten

½ kg Brennnesseln

8 Tomaten

350 g Bandnudeln

Salz

6 – 7 Bärlauchblätter

1 Zwiebel

4 EL Olivenöl

Salz

Pfeffer

Mein Tipp:

Selbst gemachte Wildkräuterravioli

Zubereitungszeit:
etwa 45 Minuten

Für den Nudelteig:

400 g Mehl

Salz

4 Eigelb

1 EL Öl

Für die Füllung:

600 g gemischte Wildkräuter (zum Beispiel Rucola, Bärlauch, Löwenzahn, Giersch, Brennnesseln, Brunnenkresse, Scharbockskraut)

1 Zwiebel

1 Knoblauchzehe

135 g Butter

½ kg Ricotta

Salz

Pfeffer

1 Prise frisch geriebene Muskatnuss

½ Bund Petersilie

Mehl für die Arbeitsfläche

1 Mehl, Salz, Eigelbe und Öl in einer Schüssel zu einem glatten, geschmeidigen Teig verkneten. Eventuell noch 1 Eigelb oder wenig lauwarmes Wasser hinzugeben. Den Teig in Alufolie gewickelt etwa 1 Stunde ruhen lassen.

2 Die Wildkräuter verlesen, waschen, trockenschleudern und fein hacken. Zwiebel und Knoblauch schälen und fein hacken.

3 In einer Pfanne 15 Gramm Butter erhitzen, Zwiebel und Knoblauch darin glasig dünsten. Wildkräuter zugeben und mitdünsten, bis Flüssigkeit austritt. Beiseite stellen und etwas abkühlen lassen.

4 Wildkräutermasse und Käse gut durchmischen. Mit Salz, Pfeffer und Muskat würzen.

5 Den Nudelteig auf einer bemehlten Arbeitsfläche portionsweise etwa 2 Millimeter dick ausrollen. Im Abstand von etwa 5 Zentimetern 1 Teelöffel Kräuter-Käse-Masse auf die Hälfte des Teiges setzen. Die andere Hälfte über die Füllung klappen und mit den Fingern fest andrücken, auch zwischen den Füllungen!

6 In einem weiten Topf reichlich Salzwasser zum Kochen bringen. Mit einem Teigrädchen die einzelnen Nudeltaschen ausschneiden und portionsweise vorsichtig in das Wasser gleiten lassen. Nach 4 – 6 Minuten mit einem Schaumlöffel herausnehmen, abtropfen lassen und auf 4 Tellern anrichten.

7 In einer Pfanne die restliche Butter erhitzen. Petersilie waschen, trockenschleudern und grob hacken. Petersilie in die Butter geben und kurz anbraten. Über die Ravioli gießen.

Statt Petersilienbutter kann man auch eine Tomatensauce zu den Ravioli servieren oder man gibt sie in eine heiße Gemüse- oder Fleischbrühe.

Mein Tipp:

Kartoffelgnocchi mit Sauerampfersauce

Zubereitungszeit:
etwa 1 Stunde

Für die Gnocchi:

450 g mehlig kochende Kartoffeln

150 g Mehl

2 EL Grieß

2 EL Öl

1 Ei

Salz

Für die Sauce:

150 g junge Sauerampferblätter

½ Zwiebel

1 EL Öl

200 ml Gemüsebrühe

Salz

½ – 1 TL Speisestärke

4 EL Crème fraîche

Pfeffer

1 – 2 TL Zitronensaft

1 Die Kartoffeln waschen und in etwa 20 – 25 Minuten in Wasser weich kochen. Abschrecken, heiß pellen und durch die Kartoffelpresse in eine Schüssel drücken. Etwas abkühlen lassen.

2 Mehl, Grieß, Öl, Ei und etwas Salz zu den Kartoffeln geben und zu einem Teig kneten. Etwa 25 – 30 Minuten ruhen lassen.

3 Inzwischen für die Sauce den Sauerampfer waschen, trockenschütteln und in feine Streifen schneiden. Die Zwiebel schälen und fein hacken.

4 Das Öl in einem Topf erhitzen, die Zwiebel darin glasig dünsten, Sauerampfer hinzugeben und kurz mitdünsten. Die Brühe angießen und alles etwa 5 – 10 Minuten köcheln lassen.

5 Einen weiten Topf mit reichlich Salzwasser zum Kochen bringen. Aus dem Gnocchiteig dünne Rollen formen, etwa 1 – 1,5 Zentimeter dicke Stücke abschneiden. Mit einer Gabel nicht zu fest darauf drücken, sodass ein geriffeltes Muster entsteht. Anschließend die Gnocchi etwa 5 Minuten im Salzwasser ziehen lassen. Abseihen und etwas abtropfen lassen.

6 Die Speisestärke mit wenig Wasser glatt rühren, zur Sauce geben, 2 – 3 Minuten durchkochen. Crème fraîche einrühren und erhitzen, aber nicht mehr kochen. Mit Salz, Pfeffer und Zitronensaft abschmecken.

7 Gnocchi auf 4 Teller verteilen und mit der Sauerampfersauce begießen.

Mein Tipp:

Fisch- und Fleischgerichte

Brunnenkresse-Steinbutt

Zubereitungszeit:
etwa 25 Minuten

40 g Butter
70 g Semmelbrösel
20 g Brunnenkresse
700 g Steinbuttfilet
Salz
weißer Pfeffer
2 – 3 EL Zitronensaft
1 – 2 EL mittelscharfer Senf

1 In einer Pfanne die Butter erhitzen, die Semmelbrösel einstreuen und unter Rühren goldbraun braten. In eine Schüssel geben und abkühlen lassen. Brunnenkresse verlesen, gründlich waschen und die Blättchen fein hacken. Mit den Semmelbröseln mischen.

2 Den Backofen auf 220 °C vorheizen. Die Fischfilets waschen, trockentupfen, eventuell in gleich große Stücke schneiden. Salzen und pfeffern, mit dem Zitronensaft beträufeln. Die Steinbuttfilets auf einer Seite mit dem Senf bestreichen. Die Kräuterbrösel darauf verteilen und andrücken.

3 Die Filets in eine feuerfeste Form setzen und im Ofen (mittlere Schiene) etwa 6 – 8 Minuten garen. Dazu passen kleine Butterkartoffeln und ein gemischter Blattsalat.

Mein Tipp:

Seeteufelkoteletts mit Bärlauchbutter

Zubereitungszeit:
etwa 25 Minuten

4 Seeteufelkoteletts (à etwa 200 g)
Salz
frisch gemahlener Pfeffer
2 Zitronen
3 – 4 Hand voll Bärlauchblätter
4 EL Butter

1 Fischkoteletts kurz waschen, trockentupfen, salzen und pfeffern. 1 Zitrone auspressen und etwas Saft über den Fisch träufeln. Die andere Zitrone schälen, filetieren und klein würfeln. Bärlauch waschen, trockenschütteln und grob hacken. Die Butter in einer Pfanne erhitzen. Den Fisch darin von beiden Seiten etwa 3 – 4 Minuten braten. Auf 4 vorgewärmten Tellern anrichten.

2 Zitronenwürfel in die Pfanne geben, kurz erhitzen und den übrigen Zitronensaft sowie den Bärlauch hinzugeben. Mit Salz und Pfeffer würzen und über die Seeteufelkoteletts gießen. Dazu passen Reis und ein frischer Wildkräutersalat (siehe Seite 54).

Mein Tipp:

Schollenfilets in Sauerampfersauce

1 Den Backofen auf 200 °C vorheizen. Fischfilets kurz waschen, trockentupfen, salzen und pfeffern und mit dem Zitronensaft beträufeln. In eine feuerfeste Auflaufform legen und den Wein angießen. Lorbeer hinzugeben.

2 Den Fisch im Ofen (mittlere Schiene) etwa 15 Minuten garen. Filets vorsichtig aus dem Sud heben und warm stellen. Sud durch ein Sieb gießen.

3 Butter in einem Topf zerlassen, Mehl hinzugeben und unter ständigem Rühren hellgelb braten. Fischsud nach und nach einrühren, dabei ständig weiterrühren. Kurz aufkochen, Hitze reduzieren und 3 – 5 Minuten sanft köcheln lassen.

4 Sauerampfer verlesen, waschen und die Blätter in feine Streifen schneiden. Mit der sauren Sahne zu der Sauce geben, kurz erhitzen, aber nicht mehr kochen lassen, da die Sauce sonst gerinnt. Mit Salz und Pfeffer abschmecken. Zum Fisch servieren. Dazu passen Salzkartoffeln und ein grüner Salat.

Zubereitungszeit:
25 – 30 Minuten

4 Schollenfilets (etwa 800 g)

Salz

Pfeffer

1 – 2 EL Zitronensaft

300 ml trockener Weißwein

1 – 2 Lorbeerblätter

40 g Butter

1½ EL Mehl

1 Hand voll Sauerampfer

150 g saure Sahne

Mein Tipp:

Mit Brennnesseln gefüllte Fischröllchen

Zubereitungszeit:
etwa 35 Minuten

4 Seezungenfilets
Salz
1 – 2 EL Zitronensaft
1 – 2 EL saure Sahne
2 TL mittelscharfer Senf
Pfeffer
16 – 20 junge Brennnesselblätter
¼ l Milch
4 EL Sahne
3 – 4 Dillstängel
100 g Quark

1 Fischfilets kurz waschen, trockentupfen, längs halbieren, salzen und mit Zitronensaft beträufeln.

2 Die saure Sahne mit dem Senf und etwas Pfeffer verrühren und auf die Oberseite der Filets streichen. Die Brennnesselblätter waschen, trockenschütteln und auf den Fischfilets verteilen. Filets aufrollen und mit Zahnstochern feststecken.

3 In einem Topf die Milch mit der Sahne aufkochen. Die Fischröllchen hineingeben und bei geringer Hitze zugedeckt etwa 5 Minuten garen. Seezungenröllchen aus der Sahnemilch nehmen und warm stellen.

4 Dill waschen, Fähnchen von den Stängeln zupfen und fein hacken. Sauce mit Salz und Dill würzen. Den Quark mit dem Schneebesen einrühren. Vorsichtig erwärmen – die Sauce darf nicht mehr kochen, da der Quark sonst ausflockt. Fischröllchen mit der Sauce servieren. Dazu passen Salzkartoffeln und Brennnesselgemüse oder ein grüner Salat.

Mein Tipp:

Wildkräuter-Saibling

1 Fisch kurz waschen, trockentupfen, salzen, pfeffern und mit etwas Zitronensaft beträufeln. Wildkräuter waschen, trockenschütteln und fein hacken.

2 In einer großen Pfanne die Butter zerlassen, die Kräuter hinzugeben und kurz anbraten, die Fischfilets einlegen und auf beiden Seiten 1 – 2 Minuten anbraten. Mit dem Weißwein ablöschen und ⅛ Liter Wasser zugießen. Zugedeckt bei geringer Hitze 5 Minuten ziehen lassen.

3 Die garen Saiblingsfilets aus der Pfanne nehmen und auf vorgewärmten Tellern anrichten. Die Speisestärke mit etwas kaltem Wasser anrühren und zur Sauce geben, kurz aufkochen. Mit Salz, Pfeffer und Zitronensaft abschmecken. Die Wildkräutersauce über die Fischfilets geben. Dazu passen Salzkartoffeln und ein frischer Salat.

Mein Tipp:

Zubereitungszeit:
etwa 40 Minuten

4 Saiblingsfilets

Salz

Pfeffer

Saft von ½ Zitrone

2 Hand voll gemischte Wildkräuter (zum Beispiel Bärlauch, Brennnessel, Sauerampfer, Schafgarbe, Brunnenkresse)

3 EL Butter

40 ml trockener Weißwein

½ – 1 TL Speisestärke

Flusskrebse in Bärlauch-Dill-Sahne

1 Bärlauch und Dill waschen, trockenschütteln. Dillfähnchen von den Stängeln zupfen und Bärlauch und Dill fein hacken. Schalotte schälen und klein würfeln. Chilischote der Länge nach halbieren, Kerne entfernen und fein hacken. Hände sofort gründlich waschen.

2 Öl in einer Pfanne erhitzen. Schalotte darin bei geringer Hitze etwa 3 – 4 Minuten dünsten. Kräuter, Chilischote und Zitronensaft hinzugeben, salzen. Die Brühe angießen und die Crème fraîche einrühren. Die Flusskrebse in die Sauce geben und etwa 8 – 10 Minuten garen. Mit Baguette oder Pellkartoffeln und Salat servieren.

Mein Tipp:

Zubereitungszeit:
etwa 30 Minuten

1 – 2 Hand voll Bärlauch

½ Bund Dill

1 Schalotte

1 kleine Chilischote

2 – 3 EL Öl

Saft von 1 Zitrone, Salz

100 ml Gemüsebrühe

200 g Crème fraîche

20 – 25 Flusskrebsschwänze

Wildkräuter-Zanderfilet

Zubereitungszeit:
20 – 25 Minuten

4 Zanderfilets mit Haut (à 150 g)

Salz

Pfeffer

2 – 3 Hand voll Wildkräuter (zum Beispiel Löwenzahn, Bärlauch, Rucola, Brunnenkresse)

30 g Butterschmalz

1 Fischfilets kurz waschen, trockentupfen, eventuell noch vorhandene Gräten mit einer Pinzette herausziehen. Die Haut mit einem scharfen Messer mehrmals einritzen. Filets salzen und pfeffern. Wildkräuter verlesen, waschen und ohne dicke Stiele fein hacken.

2 Das Butterschmalz in einer Pfanne erhitzen. Die Filets mit der Hautseite nach unten etwa 3 Minuten braten, wenden und weitere 2 Minuten braten. Die Kräuter auf der gebratenen Seite verteilen und die Filets auf vorgewärmten Tellern anrichten. Mit etwas Butterschmalz beträufeln. Dazu schmecken Salzkartoffeln und Ratatouillegemüse oder ein gemischter Salat.

Mein Tipp:

Aal in grüner Sauce

Zubereitungszeit:
etwa 40 Minuten

50 g Sauerampfer

3 – 4 Kerbelzweige

2 – 3 Dillstängel

2 – 3 Petersilienstängel

1 Aal (etwa 900 g, ausgenommen und gehäutet)

60 g Butter

1 – 2 EL Zitronensaft

⅛ l trockener Weißwein

1 Lorbeerblatt

1 Eigelb

Salz

Pfeffer

1 Sauerampfer verlesen, waschen, trockenschleudern und grob hacken. Kerbel, Dill und Petersilie waschen, trockenschütteln und ohne die dicken Stiele fein hacken. Alle Kräuter mischen.

2 Aal waschen, trockentupfen und in etwa 5 – 6 Zentimeter große Stücke schneiden. In einer großen Pfanne die Butter erhitzen, Fischstücke hinzugeben und rundum in etwa 4 Minuten anbraten. Die Kräuter über dem Aal verteilen, mit dem Zitronensaft beträufeln, ⅛ Liter Wasser und den Wein angießen. Lorbeerblatt hineinlegen und bei geringer Hitze etwa 10 – 15 Minuten garen.

3 Das Eigelb mit 2 – 3 Esslöffeln Kochflüssigkeit verquirlen und in die Sauce rühren. Mit Salz und Pfeffer abschmecken. Kurz erwärmen, aber nicht mehr kochen lassen (das Ei gerinnt sonst) und sofort servieren. Dazu passen Salzkartoffeln oder Weißbrot und Salat.

Mein Tipp:

Lammkoteletts mit Bärlauchsauce

1 Koteletts kurz waschen, trockentupfen, salzen und pfeffern. Thymian waschen, trockenschütteln, Blättchen abzupfen und fein hacken. Auf den Koteletts verteilen.

2 Zwiebel schälen und fein würfeln. Bärlauch waschen, trockenschütteln und ohne die Stiele fein hacken. Pilze mit einem Küchenkrepp abreiben und feinblättrig aufschneiden.

3 Das Öl in einer Pfanne erhitzen. Die Koteletts darin portionsweise auf jeder Seite etwa 3 – 4 Minuten braten. Aus der Pfanne nehmen und warm stellen.

4 Im Bratenfett die Zwiebel andünsten, Pilze und Bärlauch hinzugeben und mitbraten. Die Fleischbrühe angießen und aufkochen. Crème fraîche einrühren und Sauce mit Salz und Pfeffer abschmecken. Die Sauce zu den Koteletts servieren. Dazu passen Kroketten oder Bratkartoffeln und ein Buttergemüse.

Zubereitungszeit:
etwa 35 Minuten

12 – 16 Lammkoteletts (je nach Größe)

Salz

Pfeffer

2 – 3 frische Thymianzweige

1 Zwiebel

5 – 6 Hand voll Bärlauch

250 g Egerlinge

4 EL Öl

⅛ l Fleischbrühe

200 g Crème fraîche

Mein Tipp:

Schnitzel in Waldmeistersahne

Zubereitungszeit:
etwa 30 Minuten

4 Schweineschnitzel
Salz
Pfeffer
2 Zwiebeln
1 Hand voll Waldmeister (vor der Blüte gepflückt)
4 EL Öl
150 ml Fleischbrühe
3 – 4 EL Sahne
⅛ l Weißwein

1 Fleisch kurz waschen, trockentupfen, klopfen, salzen und pfeffern. Zwiebeln schälen und fein hacken. Waldmeister waschen, trockenschütteln und fein hacken.

2 In einer Pfanne das Öl erhitzen. Die Schnitzel von jeder Seite etwa 2 – 3 Minuten kräftig anbraten. Hitze reduzieren und Zwiebeln und Waldmeister zugeben. Kurz mitdünsten, mit der Brühe ablöschen, etwas einkochen lassen.

3 Sahne und Wein hinzugeben, eventuell mit Salz und Pfeffer abschmecken und servieren. Dazu passen Spätzle oder Reis und Salat.

Mein Tipp:

Kalbsröllchen mit Rucola

Zubereitungszeit:
15 – 20 Minuten

8 Kalbsschnitzel (à 80 g)
Salz
Pfeffer
1 – 2 Bund Rucola
2 – 3 EL Öl

1 Fleisch kurz waschen, trockentupfen, leicht klopfen, salzen und pfeffern.

2 Rucola waschen, trockenschütteln und auf den Fleischscheiben verteilen. Fleischscheiben aufrollen und mit Zahnstochern feststecken.

3 Öl in einer Pfanne erhitzen und die Röllchen darin rundherum etwa 6 – 7 Minuten braten. Aus der Pfanne nehmen und servieren. Dazu passen Bratkartoffeln oder Kartoffelgratin und ein gemischter Salat.

Sie können die Schnitzel auch mit Bärlauchblättern füllen.

Mein Tipp:

Geschnetzeltes in Bärlauchrahm

Zubereitungszeit:
etwa 35 Minuten

700 g Schweineschnitzel

1 Zwiebel

2 EL Öl

⅛ l Fleischbrühe

1 – 2 Hand voll Bärlauchblätter

⅛ l Sahne

1 – 2 TL Zitronensaft

Salz

Pfeffer

1 Schnitzel kurz waschen, trockentupfen, leicht klopfen und in Streifen schneiden. Zwiebel schälen und fein hacken.

2 Öl in einer Pfanne erhitzen und das Fleisch darin portionsweise rundum kräftig anbraten. Aus der Pfanne nehmen und warm stellen.

3 Zwiebel in die Pfanne geben und glasig dünsten, Brühe angießen und etwa 5 Minuten einkochen lassen.

4 Inzwischen Bärlauch waschen, trockenschütteln und fein hacken. Mit der Sahne und dem Fleisch in die Pfanne geben, erhitzen und mit Zitronensaft, Salz und Pfeffer abschmecken. Dazu schmecken Reis oder Rösti und ein grüner Salat.

Mein Tipp:

Schweinefilet in Wildkräuterkruste

Zubereitungszeit:
20 – 25 Minuten

1 Schweinefilet (etwa 600 g)

Salz

Pfeffer

2 – 3 Hand voll gemischte Wildkräuter (zum Beispiel Löwenzahn, Bärlauch, Rucola, Scharbockskraut, Brennnessel, Brunnenkresse)

½ Bund Petersilie

½ Bund Dill

3 EL Semmelbrösel

1 Zwiebel

3 EL Sonnenblumenöl

2 EL Mehl

100 ml trockener Weißwein

1 Eiweiß

200 ml Fleischbrühe

100 ml Sahne

1 Den Backofen auf 200 °C vorheizen. Fleisch kurz waschen, trockentupfen und von Sehnen und Häutchen befreien. Salzen und Pfeffern.

2 Kräuter verlesen, waschen, trockenschütteln und fein hacken. Mit den Semmelbröseln mischen. Zwiebel schälen und hacken.

3 Das Öl in einem Bräter erhitzen und das Filet darin auf beiden Seiten kräftig anbraten. Aus dem Bräter nehmen und mit Mehl bestäuben. Zwiebel in den Bräter geben und im Bratfett dünsten, mit dem Wein ablöschen.

4 Das Eiweiß steif schlagen und die Kräuter-Semmelbrösel-Mischung unterheben. Fleisch in den Bräter auf die Zwiebel setzen und die Oberseite mit der Eiweiß-Kräuter-Masse bestreichen. Im Ofen (mittlere Schiene) etwa 30 Minuten garen.

5 Fertiges Filet vorsichtig aus dem Bräter nehmen, in Alufolie wickeln und warm halten. Bräter auf eine Herdplatte stellen und Brühe und Sahne angießen, aufkochen und etwas einkochen lassen. Mit Salz und Pfeffer abschmecken. Fleisch aufschneiden und mit der Sauce servieren. Dazu schmecken Kroketten oder Kartoffelrösti und ein grüner Salat oder Buttererbsen.

Mein Tipp:

Schweinebraten in Bärlauch-Kresse-Milch

1 Fleisch waschen, trockentupfen, mit Salz, Pfeffer und Paprika würzen.

2 Milch und Buttermilch in einer Schüssel mischen. Bärlauch und Brunnenkresse waschen, etwas zerkleinern und in die Milch geben. Fleisch hineinlegen und am besten über Nacht, wenigstens aber 6 – 7 Stunden an einem kühlen Ort marinieren.

3 Den Backofen auf 180 °C vorheizen. Schalotten schälen, große halbieren, kleine ganz lassen. Das Fleisch aus der Marinade heben und trockentupfen.

4 Öl in einem Bräter erhitzen und das Fleisch darin von allen Seiten kräftig anbraten. Schalotten hinzugeben und mitbraten, bis sie goldgelb sind. Die Marinade angießen und das Fleisch zugedeckt etwa 50 – 60 Minuten im Ofen (mittlere Schiene) garen.

5 Das Fleisch aus dem Bräter nehmen, in Alufolie wickeln und warm stellen. Die Sauce durch ein Sieb in einen Topf gießen. Crème fraîche einrühren und aufkochen. Mit dem Pürierstab durchmixen. Etwa 5 Minuten einkochen lassen. Mit Salz, Pfeffer, Paprika und Zitronensaft abschmecken.

6 Das Fleisch in dünne Scheiben schneiden und mit der Sauce servieren. Dazu schmecken Spätzle, Nudeln oder Salzkartoffeln und Buttergemüse.

Zubereitungszeit:
etwa 30 Minuten

¾ kg magere Schweineschulter (ohne Schwarte)

Salz

Pfeffer

edelsüßes Paprikapulver

375 ml Milch

375 ml Buttermilch

4 – 5 Bärlauchblätter

4 – 5 Brunnenkressezweige

350 g Schalotten

3 EL Öl

120 g Crème fraîche

1 EL Zitronensaft

Mein Tipp:

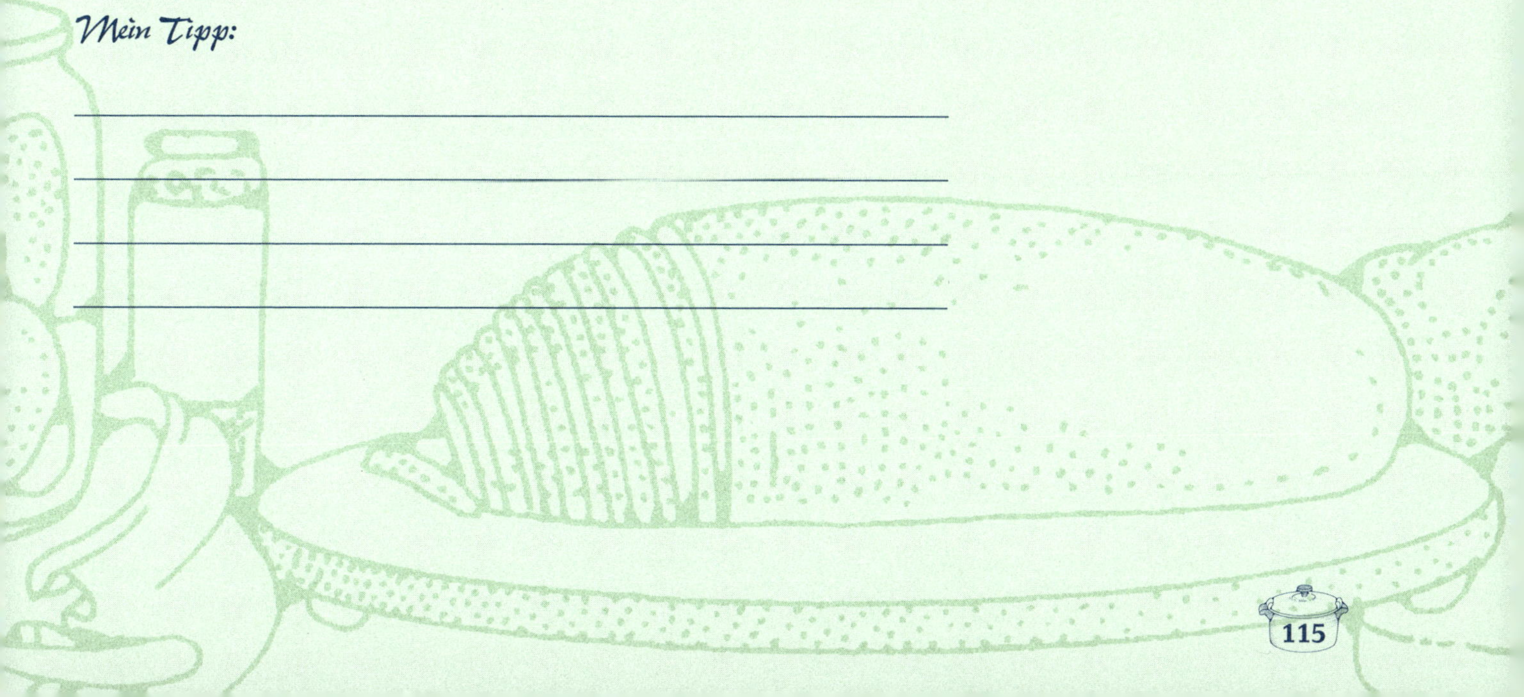

Schweinelende mit Bärlauch und Brunnenkresse

Zubereitungszeit:
etwa 25 Minuten

1 kg Schweinelende (mit Tasche zum Füllen)

Salz, Pfeffer

3 Frühlingszwiebeln

8 – 10 Bärlauchblätter

1 Bund Petersilie

1 – 2 Hand voll Brunnenkresse

2 EL Butter

2 EL Semmelbrösel

2 kleine Eier

2 EL Öl

⅛ l Madeira

¼ l Fleischbrühe

150 g Crème fraîche

1 – 2 EL Zitronensaft

1 Fleisch kurz waschen, trockentupfen, salzen und pfeffern. Frühlingszwiebeln putzen, waschen und in dünne Ringe schneiden. Bärlauch, Petersilie und Brunnenkresse waschen, trockenschütteln und ohne die dicken Stiele hacken.

2 In einer Pfanne die Butter erhitzen. Frühlingszwiebeln und Kräuter hineingeben und 4 – 5 Minuten dünsten, leicht salzen und pfeffern. In eine Schüssel geben, etwas abkühlen lassen und mit Semmelbröseln und Eiern mischen.

3 Die Füllung in die Fleischtasche geben, mit Küchengarn zunähen.

4 In einem Bräter das Öl erhitzen und das Fleisch von allen Seiten kräftig anbraten. Mit Madeira ablöschen, die Brühe und die Crème fraîche einrühren, mit wenig Salz und Pfeffer würzen. Zugedeckt bei mittlerer Hitze etwa 45 Minuten garen.

5 Die Lende aus dem Bräter nehmen und in Scheiben schneiden. Die Sauce mit Zitronensaft und eventuell Salz und Pfeffer abschmecken und zum Fleisch servieren. Dazu passen Rösti oder Spätzle und ein grüner Salat.

Die Tasche schneidet Ihnen Ihr Metzger in die Schweinelende.

Mein Tipp:

Putenschnitzel auf Tomaten-Rucola-Gemüse

Zubereitungszeit:
35 – 40 Minuten

150 g Rucola

1 Knoblauchzehe

1 Zwiebel

400 g Tomaten

4 EL Olivenöl

Salz

Pfeffer

4 Putenschnitzel (à 180 g)

1 Rucola waschen, trockenschütteln und in Streifen schneiden. Knoblauch und Zwiebel schälen und fein hacken. Tomaten heiß überbrühen, häuten, Stielansätze entfernen und klein würfeln.

2 In einem Topf 2 Esslöffel Öl erhitzen. Knoblauch und Zwiebel darin glasig andünsten. Tomaten hinzugeben und etwa 5 Minuten dünsten, Rucola zugeben und alles weitere etwa 5 Minuten garen, mit Salz und Pfeffer abschmecken.

3 Putenschnitzel kurz waschen, trockentupfen, salzen und pfeffern. In einer Pfanne das restliche Öl erhitzen und das Fleisch darin in etwa 10 Minuten braten, dabei gelegentlich umdrehen.

4 Das Tomaten-Rucola-Gemüse auf 4 Tellern anrichten, die Schnitzel darauf legen und servieren. Dazu passen Butterkartoffeln oder Reis.

Statt mit Rucola können Sie dieses Gericht auch einmal mit Löwenzahn oder Brennnesseln ausprobieren. Letztere brauchen aber etwas länger, bis sie gar sind.

Mein Tipp:

Nackensteaks mit Bärlauchkartoffeln

Zubereitungszeit:
etwa 40 Minuten

2 EL Essig

4 EL Öl

etwas Salz

Pfeffer

2 TL Senf

4 Schweinenackensteaks (etwa 700 g)

700 g kleine, fest kochende Kartoffeln

1 Hand voll Bärlauchblätter

1 kleine Dose Champignons

20 – 30 g Butter

1 Essig mit 2 Esslöffeln Öl, Salz, Pfeffer und Senf verrühren. Nackensteaks waschen, trockentupfen und auf beiden Seiten damit einreiben. Zugedeckt etwa 1 Stunde marinieren lassen.

2 Inzwischen die Kartoffeln waschen und in einem Topf mit kochendem Wasser in etwa 20 – 25 Minuten garen. Kartoffeln abgießen und pellen. Den Bärlauch waschen, trockenschütteln und in feine Streifen schneiden.

3 In einer Pfanne das übrige Öl erhitzen. Das Fleisch aus der Marinade nehmen und im heißen Öl auf beiden Seiten jeweils etwa 5 Minuten knusprig braten.

4 Die Champignons abtropfen lassen und in Scheiben schneiden. Fleisch aus der Pfanne nehmen und die übrige Marinade in die Pfanne gießen. Den Bratensatz damit lösen, Pilze hinzugeben und erhitzen, eventuell noch mit Salz und Pfeffer abschmecken.

5 In einer zweiten Pfanne die Butter erhitzen, die Kartoffeln hinzugeben und bei mittlerer Hitze rundherum leicht goldbraun anbraten. Bärlauch hinzugeben und kurz mitbraten.

6 Die Nackensteaks auf 4 Tellern anrichten, mit der Sauce begießen und die Kartoffeln dazu reichen. Dazu passt ein Salat.

Mein Tipp:

Rollbraten mit Kräuterfüllung

1 Fleisch waschen und trockentupfen.

2 Für die Füllung die Brötchen klein würfeln. 2 Esslöffel Butter in einer Pfanne erhitzen, die Brotwürfel darin bei mittlerer Hitze goldgelb braten. In eine Schüssel geben und abkühlen lassen.

3 Die Zwiebel schälen und fein hacken. Restliche Butter in der Pfanne erhitzen und die Zwiebel darin glasig dünsten. Zu den Brötchenwürfeln geben.

4 Bärlauch und Kräuter verlesen, waschen, trockenschleudern und ohne dicke Stiele fein hacken. Mit dem Brät und den Eiern in die Schüssel geben, alles gut durchmischen und mit Salz und Pfeffer abschmecken.

5 Den Backofen auf 200 °C vorheizen. Die Fleischscheibe auf einem sauberen Küchentuch ausbreiten, leicht salzen und pfeffern und mit dem Schinken belegen. Die Füllung darauf streichen. Das Fleisch mit dem Küchentuch von der Breitseite her aufrollen und mit Küchengarn zusammenbinden.

6 Suppengrün putzen, waschen und klein schneiden. Öl in einem Bräter erhitzen und das Fleisch von allen Seiten kräftig anbraten. Suppengrün hinzugeben und Brühe angießen. Im Ofen (mittlere Schiene) etwa 55 – 60 Minuten garen.

7 Fleisch aus dem Bräter nehmen und warm stellen. Bratensaft mit dem Suppengrün pürieren und mit Salz und Pfeffer abschmecken. Fleisch in Scheiben schneiden und mit der Sauce servieren.

Mein Tipp:

Zubereitungszeit:
etwa 45 Minuten

900 g Rindfleisch (eine 3 – 4 cm dicke Scheibe aus der Oberschale)

3 Brötchen

3 EL Butter

1 große Zwiebel

1 Hand voll Bärlauch

3 Hand voll gemischte Wildkräuter (zum Beispiel Löwenzahn, Brunnenkresse, Rucola, Scharbockskraut)

250 g Kalbsbrät

2 Eier

Salz

Pfeffer

200 g hauchdünne Scheiben Lachsschinken

2 Bund Suppengrün

2 EL Öl

¼ l Fleischbrühe

Rinderfilet mit Speck-Kräuter-Kruste in Rotwein

Zubereitungszeit:
25 – 30 Minuten

600 g Rinderfilet

Salz, Pfeffer

1 EL Öl

2 – 3 Hand voll gemischte Wildkräuter (zum Beispiel Bärlauch, Sauerampfer, Löwenzahn, Rucola, Brunnenkresse)

1 Bund Petersilie

70 g fetter Räucherspeck

2 EL Semmelbrösel

1 EL Butter

¼ l trockener Rotwein

½ Zwiebel

1 – 2 EL Balsamicoessig

2 EL Sahne

200 g eiskalte Butter

1 Den Backofen auf 250 °C vorheizen. Das Fleisch kurz waschen, trockentupfen, Sehnen und Häutchen entfernen, salzen und pfeffern. Einen Bräter mit 1 Esslöffel Öl auspinseln. Das Filet hineinsetzen.

2 Kräuter verlesen, waschen, trockenschleudern und ohne dicke Stiele fein hacken. Den Speck sehr klein würfeln. Mit den Kräutern und den Semmelbröseln mischen. Die Speck-Kräuter-Mischung auf dem Filet verteilen und gut andrücken. Den Esslöffel Butter in kleinen Flöckchen darauf setzen.

3 Den Bräter in den Ofen (mittlere Schiene) schieben und das Filet darin etwa 25 Minuten braten. Den Rotwein nach und nach angießen.

4 Inzwischen die Zwiebel schälen und fein hacken, mit dem Essig in einen kleinen Topf geben.

5 Das fertige Fleisch aus dem Bräter nehmen und in Alufolie gewickelt warm stellen. Die Bratenflüssigkeit zu der Zwiebel gießen und aufkochen, Hitze reduzieren und Sauce etwas einkochen lassen.

6 Die Sahne hinzugeben und kurz erhitzen. Dann die eiskalte Butter in Stückchen mit dem Schneebesen unterrühren, mit Salz und Pfeffer abschmecken. Fleisch aufschneiden und mit der Rotweinsauce servieren. Dazu schmecken Rösti oder Kroketten, Buttergemüse und Salat.

Mein Tipp:

Fleischtopf mit Bärlauch

1 Fleisch waschen, trockentupfen und in 4 – 5 Zentimeter große Würfel schneiden. Zwiebeln schälen und grob hacken. Bärlauch waschen, trockenschleudern und in Streifen schneiden. In einem großen Topf oder Bräter das Öl erhitzen. Die Zwiebeln darin hellgelb anbraten. Fleischstücke salzen und pfeffern, mit Senf bestreichen und in den Topf geben.

2 Das Weißbrot entrinden und hinzugeben. Kurz anbraten lassen und Bier und Brühe angießen. Aufkochen und zugedeckt bei geringer Hitze etwa 2 Stunden köcheln lassen. Bärlauch einrühren und etwa 10 Minuten mitköcheln lassen. Zum Fleischtopf passen Semmelknödel oder Spätzle und Salat.

Mein Tipp:

Zubereitungszeit:
etwa 40 Minuten

1 kg Rindfleisch (flache Schulter)

2 – 3 Zwiebeln

300 g Bärlauchblätter

6 EL Öl

Salz

Pfeffer

1 – 2 TL mittelscharfer Scnf

2 Scheiben Weißbrot

⅛ l Bier

⅜ l Fleischbrühe

Bärlauchhähnchen

1 Hähnchen waschen, trockentupfen und in je 4 Teile tranchieren, salzen und pfeffern. Den Backofen auf 180 °C vorheizen.

2 Bärlauch und Petersilie waschen, trockenschleudern und fein hacken.

3 Einen großen Bräter mit Deckel mit 2 Esslöffeln Öl einfetten. Die Hühnerteile hineinlegen und mit den Kräutern bestreuen.

4 Das übrige Öl mit Zitronensaft und Weißwein verrühren und über das Fleisch geben.

5 Im Ofen (mittlere Schiene) zugedeckt etwa 40 Minuten garen, dann den Deckel abnehmen und die Hitze auf 225 °C schalten und noch etwa 15 Minuten braten. Mit Weißbrot oder Reis und Salat servieren.

Mein Tipp:

Zubereitungszeit:
etwa 15 Minuten

2 Brathähnchen (à 800 g)

Salz

Pfeffer

250 g Bärlauch

½ Bund Petersilie

12 EL Olivenöl

Saft von ½ Zitrone

200 ml trockener Weißwein

Snacks und Dips

Tiroler Speckbrötchen mit Rucola

Zubereitungszeit:
10 Minuten

1 Hand voll Rucola

100 g Parmesan

4 Vinschgerl (Tiroler Fladenbrötchen)

4 – 6 TL Pesto (aus dem Glas)

4 – 6 EL Frischkäse

100 g hauchdünn geschnittener Tiroler Speck

1 Rucola waschen und trockenschütteln. Parmesan in dünne Streifen hobeln.

2 Vinschgerl aufschneiden. Eine Hälfte mit Pesto bestreichen, die andere mit Frischkäse.

3 Auf die jeweils untere Hälfte zuerst Rucola, dann Speck und zuletzt Parmesan verteilen. Die oberen Hälften daraufsetzen, eventuell einmal durchschneiden und servieren.

Mein Tipp:

Bärlauchbaguette

Zubereitungszeit:
etwa 10 Minuten

1 Hand voll Bärlauchblätter

125 g Butter

einige Tropfen Zitronensaft

1 Baguette

1 Den Backofen auf 180 °C vorheizen. Bärlauch waschen, trockenschütteln und fein hacken.

2 Die zimmerwarme Butter mit einer Gabel zerdrücken und mit dem Bärlauch und dem Zitronensaft gründlich vermischen.

3 Das Baguette der Länge nach durchschneiden. Die Bärlauchmischung auf die Brothälften streichen. Das Baguette im Ofen (mittlere Schiene) 8 – 10 Minuten knusprig backen. Herausnehmen und in etwa 15 Zentimeter lange Stücke schneiden.

Mein Tipp:

Rucola-Mett-Toast

1 Rucola verlesen, waschen, trockenschütteln und fein hacken.

2 Tomate heiß überbrühen, Schale abziehen, halbieren, Stilansatz entfernen und klein würfeln.

3 Den Backofen auf 250 °C vorheizen. Rucola mit Tomate und Mett mischen. Knoblauch schälen, durch die Presse drücken und dazugeben. Die Masse mit Salz und Pfeffer abschmecken.

4 Die Mettmasse auf die Toastbrotscheiben streichen und diese auf ein Backblech legen.

5 Im Ofen (mittlere Schiene) etwa 5 – 6 Minuten garen, bis die Brote braun und knusprig sind. Heiß zu Bier oder Rotwein servieren.

Statt Schweinemett können Sie auch rohe Bratwürste verwenden. Dann sollten Sie jedoch nur wenig oder gar nicht salzen, da das Bratwurstmett schon gewürzt ist.

Zubereitungszeit:
etwa 10 Minuten

1 – 2 Bund Rucola (etwa 150 g)

1 Tomate

150 g Schweinemett

2 Knoblauchzehen

Salz

Pfeffer

Mein Tipp:

Mozzarella-Schinken-Toast mit Bärlauch

Zubereitungszeit:
etwa 10 Minuten

250 g Weißbrot

40 g weiche Butter

40 g geriebener Parmesan

Pfeffer

1 – 2 Hand voll Bärlauchblätter

75 g hauchdünn geschnittener roher Schinken

150 g Mozzarella

1 Weißbrot in dünne Scheiben schneiden. Den Backofen auf 220 °C vorheizen.

2 Die Butter mit einer Gabel zerdrücken, mit dem Parmesan verrühren, mit Pfeffer abschmecken und auf die Brotscheiben streichen.

3 Bärlauch waschen, trockenschütteln und in feine Streifen schneiden. Einen Teil der Blätter auf die gebutterten Brote streuen. Schinken auf den Broten verteilen und wieder mit einem Teil Bärlauchstreifen bestreuen.

4 Mozzarella abtropfen lassen, in dünne Scheiben schneiden und die Brote damit belegen. Die belegten Brote auf ein mit Backpapier belegtes Blech legen. Im Ofen (mittlere Schiene) etwa 10 – 12 Minuten überbacken, bis der Käse zerlaufen ist.

5 Die fertigen Toasts mit dem restlichen Bärlauch bestreut servieren.

Mein Tipp:

Rucolasandwich mit Garnelen

1 Garnelen waschen, trockentupfen. In einer Pfanne 3 Esslöffel Öl erhitzen. Knoblauchzehe mit der Schale zerdrücken und mit den Garnelen in die Pfanne geben, salzen und pfeffern. Auf beiden Seiten etwa 2 Minuten braten. Aus der Pfanne nehmen und abkühlen lassen.

2 Rucola verlesen, waschen, trockenschütteln. 12 Blätter beiseite legen, den Rest fein hacken. Die Butter mit einer Gabel zerdrücken, in den feingehackten Rucola mischen und das Ganze etwas salzen.

3 Schalotten putzen und in feine Ringe schneiden. Radieschen putzen und in dünne Scheiben schneiden. Garnelenschwänze aus dem Panzer lösen, Darm entfernen und der Länge nach halbieren. Mit Schalotten, Radieschen, restlichem Öl und Zitronensaft mischen, mit Salz und Pfeffer abschmecken.

4 Weißbrotscheiben mit der Rucolabutter bestreichen und vierteln. Die Hälfte der Weißbrotscheiben mit 1 Rucolablatt, 1 Garnelenhälfte und etwas Radieschen-Schalotten-Salat belegen. Restliche Brotscheiben daraufsetzen und sofort servieren.

Mein Tipp:

Für 12 Stück

Zubereitungszeit:
20 – 25 Minuten

6 Riesengarnelen (à 30 g, roh mit Schale)

9 EL Olivenöl

1 Knoblauchzehe

Salz

Pfeffer

1 Bund Rucola

50 g zimmerwarme Butter

100 g Schalotten

10 Radieschen

1 EL Zitronensaft

6 Scheiben Kastenweißbrot

Überbackene Brennnesselbrote mit Bärlauch

Zubereitungszeit:
etwa 30 Minuten

½ kg Brennnesselblätter
Salz
4 Scheiben Schwarzbrot
3 EL Butter
2 Eier
200 g Schmand
50 g geriebener Gouda
30 g Bärlauch
Pfeffer

1 Brennnesseln verlesen und waschen.

2 In einem Topf etwa 1 Liter Salzwasser aufkochen. Brennnesseln hineingeben und bei geringer Hitze etwa 5 Minuten garen. Brennnesseln in ein Sieb abgießen, abtropfen lassen und in Streifen schneiden.

3 Den Backofen auf 220 °C vorheizen. Die Brote mit 2 Esslöffeln Butter bestreichen. Die Eier mit dem Schmand verquirlen und mit Salz abschmecken.

4 Restliche Butter in einer Pfanne erhitzen. Eier-Schmand-Mischung hineingeben und darin stocken lassen.

5 Brennnesseln auf den Broten verteilen und Eier-Schmand-Mischung darauf geben. Mit Käse bestreuen. Die Brote auf ein Backblech legen und im Ofen (obere Schiene) etwa 10 Minuten überbacken, bis der Käse zerlaufen und leicht gebräunt ist.

6 Zwischenzeitlich den Bärlauch waschen, trockenschütteln und in feine Streifen schneiden.

7 Die fertigen Brote mit Pfeffer übermahlen und mit Bärlauch bestreut servieren.

Sie können die Brennnesseln vor dem Waschen auch kurz heiß überbrühen, dann »brennen« sie nicht mehr. Statt Brennnesseln eignen sich für dieses Gericht auch Taubnesseln oder Giersch.

Mein Tipp:

Weißbrot mit Bohnencreme und Rucola

1 Bohnen in ein Sieb schütten und abtropfen lassen. Mit dem Cayennepfeffer, dem Öl, 1 Esslöffel Wasser und dem Zitronensaft im Mixer pürieren. Mit Salz abschmecken. Den Ofen auf 250 °C vorheizen. Rucola verlesen, waschen und in wenig Salzwasser 1 – 2 Minuten dünsten, in ein Sieb abgießen und abtropfen lassen.

2 Die Weißbrotscheiben auf ein Backblech legen und im Ofen (mittlere Schiene) in etwa 5 Minuten hellbraun rösten. Die heißen Brotscheiben mit der Bohnencreme bestreichen und mit Rucola belegen. Sofort servieren.

Mein Tipp:

Zubereitungszeit:
etwa 15 Minuten

200 g weiße Bohnen (gekocht oder aus der Dose)

1 Messerspitze Cayennepfeffer

3 EL Olivenöl

1 EL Zitronensaft

Salz

1 Bund Rucola

12 Scheiben Weißbrot

Spinat-Lauch-Waffeln

1 Bärlauch und Spinat verlesen und waschen. In einen Topf mit wenig kochendem Wasser geben und in 3 – 4 Minuten blanchieren. Kräuter in ein Sieb abgießen, etwas abkühlen lassen, gut ausdrücken und grob hacken. Im Mixer pürieren. Die Butter in einem kleinen Topf zerlassen.

2 In einer Schüssel Mehl mit Eiern, flüssiger Butter, saurer Sahne und Bärlauch-Spinat-Püree gut verrühren, mit Salz und Pfeffer abschmecken.

3 Das Waffeleisen auf höchste Stufe erhitzen, mit Öl bepinseln, mit einer Portion Waffelteig ausgießen und mit geschlossenem Deckel goldbraun backen. So fortfahren, bis alle Waffeln gebacken sind. Die Bärlauch-Spinat-Waffeln passen gut zu einem Salat, aber auch zu Geschnetzeltem.

Mein Tipp:

Zubereitungszeit:
25 – 30 Minuten

60 g Bärlauchblätter

60 g Spinat

30 g Butter

240 g Mehl

4 Eier

160 g saure Sahne

Salz

Pfeffer

Öl zum Ausbacken

Pikante Bärlauchwaffeln

Zubereitungszeit:
etwa 20 Minuten

2 Hand voll Bärlauchblätter

1 gelbe Paprikaschote

150 g Butter

4 Eier

250 g Mehl

1 TL Backpulver

Salz

1/8 l Gemüsebrühe

Öl für das Waffeleisen

1 Bärlauch waschen, trockenschütteln und fein hacken. Paprikaschote waschen, putzen und ebenfalls fein hacken.

2 Die Butter und die Eier mit dem Handrührgerät schaumig rühren. Mehl, Backpulver und wenig Salz mischen und abwechselnd mit der Brühe in den Teig rühren. Bärlauch und Paprika hinzugeben und den Teig etwa 30 Minuten ruhen lassen.

3 Das Waffeleisen auf höchste Stufe aufheizen, mit Öl ausstreichen, den Teig portionsweise hineingeben, Deckel schließen und Waffeln ausbacken. Die Waffeln mit einem Salat und beispielsweise einem Brennnesselquark mit Rettich (siehe Seite 134) servieren.

Mein Tipp:

Brennnesselmousse mit Räucherlachs

Zubereitungszeit:
25 – 30 Minuten

3 Hand voll junge Brennnesselblätter

1/4 l Sahne

1 Päckchen Sahnesteif

1 – 2 TL Meerrettich (aus dem Glas)

Salz

Pfeffer

8 Scheiben Räucherlachs

1 Brennnesseln etwa 15 Minuten in kaltem Wasser einweichen, damit sie nicht mehr brennen, waschen, trockenschleudern und fein hacken.

2 Sahne mit dem Sahnesteif steif schlagen, mit den Brennnesseln und dem Meerrettich mischen, mit Salz und Pfeffer abschmecken. Mindestens 20 – 30 Minuten im Kühlschrank kalt stellen.

3 Je 2 Scheiben Lachs auf 4 Tellern anrichten. Einen Teelöffel in ein heißes Wasserbad tauchen und kleine Nockerl aus dem Brennnesselmousse abstechen und auf die Räucherlachsscheiben setzen. Dazu passt Toastbrot.

Mein Tipp:

Bärlauchmousse mit grünem Spargel

1 Für die Mousse die Stiele vom Bärlauch entfernen, waschen und tropfnass in einen Topf geben, erhitzen und zusammenfallen lassen, in ein Sieb abgießen und gut abtropfen lassen, ausdrücken. Bärlauch im Mixer pürieren.

2 Agar-Agar-Pulver mit wenig Wasser glatt rühren. Pürierten Bärlauch in einem Topf mit der Sahne erhitzen, Agar-Agar einrühren und 2 – 3 Minuten köcheln lassen, mit Kräutersalz und Pfeffer abschmecken. Bärlauchmasse in eine Schüssel füllen und abkühlen. Dann im Kühlschrank 4 – 5 Stunden fest werden lassen.

3 Die holzigen Enden vom Spargel entfernen und waschen. ¾ Liter Salzwasser mit 1 Teelöffel Zucker und Butter aufkochen lassen. Den Spargel hinzugeben und etwa 10 Minuten garen.

4 In der Zwischenzeit in einer Schüssel Essig, Salz, Pfeffer, 1 Prise Zucker und Öl mit dem Schneebesen verschlagen.

5 Spargel aus dem Sud heben, abtropfen lassen und mit der Marinade beträufeln. Auf 4 Tellern anrichten. Mit 2 Esslöffeln Nockerl aus dem Bärlauchmousse abstechen und zum Spargel geben.

Zubereitungszeit:
35 – 40 Minuten

- **½ kg Bärlauchblätter**
- **10 g Agar-Agar-Pulver (Geliermittel)**
- **¼ l Sahne**
- **Kräutersalz**
- **Pfeffer**
- **½ kg grüner Spargel**
- **Salz**
- **Zucker**
- **1 TL Butter**
- **3 EL Weinessig**
- **3 – 4 EL Olivenöl**

Mein Tipp:

Bärlauchtsatsiki

Zubereitungszeit:
etwa 10 Minuten

1 Salatgurke

Salz

400 g Quark

knapp ¼ l Sahne

1 – 2 Hand voll Bärlauch

1 Gurke schälen, raspeln und mit etwas Salz bestreuen.

2 Den Quark mit der Sahne in einer Schüssel glatt rühren. Bärlauch waschen, trockenschütteln und sehr fein hacken, zum Quark geben.

3 Gurkenraspel gut ausdrücken und unter den Quark mischen. Mit Salz abschmecken. Mindestens 30 Minuten durchziehen lassen. Schmeckt als Vorspeise nur mit Baguette ebenso gut wie als Beilage zu gegrilltem Fleisch.

Je nach Geschmack können Sie mehr oder weniger Bärlauch verwenden. Sollten Sie viel Bärlauch verwenden, kann es sein, dass der Quark zu trocken wird. Rühren Sie in diesem Fall einfach etwas Milch unter.

Mein Tipp:

Ziegenkäse-Bärlauch-Brotaufstrich

Zubereitungszeit:
etwa 10 Minuten

1 – 2 Hand voll Bärlauchblätter

200 g Ziegenfrischkäse

2 EL Olivenöl

1 Prise Cayennepfeffer

eventuell Salz

1 Bärlauch waschen, trockenschütteln und fein hacken.

2 Ziegenfrischkäse in eine Schüssel geben und mit einer Gabel zerdrücken. Bärlauch und Olivenöl untermischen. Mit Cayennepfeffer und je nach Ziegenkäse eventuell mit etwas Salz abschmecken.

Dieser Brotaufstrich passt gut auf Weißbrot oder Ciabatta und zu Tomaten und Oliven.

Mein Tipp:

Rucoladip

1 Rucola waschen, trockenschleudern und sehr fein hacken.

2 Crème fraîche mit Joghurt, Senf, Zitronensaft und Honig verrühren. Rucola untermischen und mit Salz und Cayennepfeffer abschmecken. Dieser Dip passt zu Rohkostgemüse wie Karotten, Gurken oder Lauch, aber auch zu herzhaften Waffeln.

Statt Rucola können Sie auch Schnittlauch oder Bärlauch in den Dip rühren.

Mein Tipp:

Zubereitungszeit:
5 – 10 Minuten

1 Bund Rucola

120 g Crème fraîche

100 g Joghurt (3,5 %)

1 – 2 TL mittelscharfer Senf

1 EL Zitronensaft

1 TL Honig

Salz

1 Prise Cayennepfeffer

Bärlauch-Thunfisch-Dip

1 Thunfisch in einem Sieb abtropfen lassen und grob zerkleinern. Mit der Crème fraîche und dem Frischkäse im Mixer pürieren.

2 Bärlauch waschen, trockenschleudern und fein hacken. Zitrone auspressen. Bärlauch unter die Thunfischmasse mischen. Mit Zitronensaft, Zucker, Salz und Pfeffer abschmecken.

Dieser Dip schmeckt zu Folienkartoffeln, zu gedünstetem Gemüse wie Lauch oder Brokkoli oder zu rohem Gemüse wie Karotten- oder Gurkenstreifen.

Mein Tipp:

Zubereitungszeit:
etwa 10 Minuten

1 Dose Thunfisch im eigenen Saft

100 g Crème fraîche

100 g Frischkäse

6 – 7 Bärlauchblätter

½ Zitrone

1 Prise Zucker

Salz

Pfeffer

Brennnesselquark mit Rettich

Zubereitungszeit:
etwa 25 Minuten

2 – 3 Hand voll junge Brennnesseltriebe

Salz

2 EL Öl

1 Stück Rettich (3 – 4 cm)

250 g Quark (40 %)

125 g saure Sahne

1 TL edelsüßes Paprikapulver

1 TL gemahlener Kümmel

1 Brennnesseltriebe etwa 15 Minuten in kaltem Wasser einweichen, waschen, trockenschütteln und in schmale Streifen schneiden. Die Brennnesseln salzen und mit dem Öl mischen. Etwas durchziehen lassen.

2 Inzwischen den Rettich schälen und mit dem Gemüsehobel raspeln. In einer Schüssel Quark und saure Sahne verrühren. Den Rettich untermischen und mit Paprika und Kümmel würzen. Die Brennnesseln hinzugeben und alles glatt rühren. Eventuell etwas Milch hinzugeben. Passt zu neuen Kartoffeln oder auf's Butterbrot.

Mein Tipp:

Joghurtquark mit Bärlauch

Zubereitungszeit:
10 Minuten

5 – 6 Hand voll Bärlauchblätter

150 g Joghurt (3,5 %)

80 g Quark

2 ganz frische Eigelbe

1 TL Olivenöl

1 TL Tomatenmark

1 EL mittelscharfer Senf

1 Spritzer Sojasauce

Salz, Pfeffer

1 Bärlauch waschen, trockenschütteln und in feine Streifen schneiden. In eine Schüssel geben.

2 Den Joghurt mit dem Quark, den Eigelben, Olivenöl, Tomatenmark und Senf verquirlen. Mit Sojasauce, Salz und Pfeffer abschmecken. Den Joghurtquark unter den Bärlauch mischen. Vor dem Servieren etwas durchziehen lassen.

Mein Tipp:

Bärlauchquark mit Ei

1 Die Eier in etwa 10 Minuten hart kochen, abschrecken und abkühlen lassen.

2 Bärlauch waschen, trockenschütteln und fein hacken.

3 In einer Schüssel den Quark mit der Sahne glatt rühren. Die Eier pellen und klein hacken. Mit dem Bärlauch, Salz und Pfeffer in den Quark rühren. Dazu passen Folien- oder Pellkartoffeln. Der Bärlauchquark schmeckt aber auch als Aufstrich für ein deftiges Bauernbrot.

Mein Tipp:

Zubereitungszeit:
etwa 15 Minuten

2 Eier

2 – 3 Hand voll Bärlauchblätter

½ kg Quark (20 %)

¼ l Sahne

Salz

Pfeffer

Sauerampferdip

1 Sauerampfer waschen, trockenschütteln und fein hacken. Mit 3 – 4 Esslöffeln Milch im Mixer pürieren.

2 Quark mit der restlichen Milch glatt rühren, Sauerampfermus und Zitronensaft hinzugeben. Mit wenig Salz und wenig Pfeffer sowie dem Zucker abschmecken. Dieser Dip passt zu Folienkartoffeln ebenso wie als Beilage zu Braten, Fisch oder harten Eiern.

Mein Tipp:

Zubereitungszeit:
etwa 10 Minuten

10 – 12 Sauerampferblätter

etwa ⅛ l Milch

250 g Sahnequark (40 %)

Saft ½ Zitrone

Salz

Pfeffer

1 Prise Zucker

Taubnesselbrotaufstrich

Zubereitungszeit:
10 – 15 Minuten

1 Hand voll Taubnesselblätter

Salz

1 TL Öl

1 Avocado

125 g Frischkäse

1 TL Zitronensaft

1 Taubnesseln waschen, trockenschütteln und fein hacken. Leicht salzen und mit dem Öl mischen. Kurz durchziehen lassen.

2 Avocado schälen, halbieren, Kern herauslösen und mit einer Gabel zerdrücken. In einer Schüssel mit den Taubnesseln und dem Frischkäse mischen. Mit Salz und Zitronensaft abschmecken.

Statt Taubnesseln können Sie auch junge Brennnesselblätter verwenden.

Mein Tipp:

Kräuterpesto

Zubereitungszeit:
10 – 15 Minuten

100 g gemischte Kräuter (zum Beispiel Bärlauch, Schafgarbe, Giersch)

10 g Salz

Olivenöl

1 Kräuter waschen, trockenschleudern und eventuell mit Küchenkrepp trockentupfen.

2 Die Kräuter grob hacken und zusammen mit Salz und etwas Olivenöl im Mixer pürieren, sodass eine Art Brei entsteht.

3 Die Kräutermischung in kleine, saubere Gläser mit Schraubverschluss füllen und mit einer dünnen Ölschicht bedecken.

Mit Kräuterpesto können Sie Nudel- und Gemüsegerichte genauso würzen wie Fleischgerichte. Er eignet sich zur Herstellung von Kräuterbutter und Brotaufstrichen. Bis zum Verbrauch sollte das Kräuterpesto kühl und dunkel gelagert werden.

Mein Tipp:

Rucolapesto

1 Orange gut waschen und abtrocknen. Etwa 1 Teelöffel Orangenschale abreiben. Dann die Orange halbieren und auspressen.

2 Rucola verlesen, waschen, trockenschleudern und in Stücke zerpflücken. Basilikum waschen, trockenschleudern und Blättchen von den Stielen zupfen.

3 Rucola, Basilikum, Parmesan, Sonnenblumenkerne, Orangenschale und etwas Olivenöl in den Mixer geben. Alles pürieren und nach und nach das restliche Öl hinzugeben.

4 Gurke schälen, klein würfeln, zu den anderen Zutaten in den Mixer geben und nur ganz kurz pürieren. Pesto in eine Schüssel geben und mit Orangensaft glatt rühren. Mit Salz und Pfeffer abschmecken.

Dieses Pesto schmeckt nicht nur zu Spaghetti, sondern auch zu Folienkartoffeln oder gebratenen Garnelenschwänzen.

Zubereitungszeit:
15 – 20 Minuten

1 unbehandelte Orange

1 – 2 Bund Rucola (etwa 150 g)

½ Bund Basilikum

75 g frisch geriebener Parmesan

50 g Sonnenblumenkerne

7 EL Olivenöl

1 Stück Salatgurke (etwa 50 g)

Salz

Pfeffer

Mein Tipp:

Bärlauchpesto

1 Bärlauch waschen, trockenschütteln, in Stücke schneiden.

2 Bärlauch und Pinienkerne im Mixer pürieren, Parmesan hinzugeben, durchmixen und nach und nach das Öl zugießen. Mit Salz abschmecken. Das Pesto passt zu Nudeln oder als Würze für Gemüsesuppen und -eintöpfe.

In einem Schraubglas hält sich das Pesto etwa 2 – 3 Wochen im Kühlschrank.

Zubereitungszeit:
etwa 10 Minuten

80 g Bärlauchblätter

60 g Pinienkerne

35 g frisch geriebener Parmesan

100 ml Olivenöl

Salz

Mein Tipp:

Bärlauchremoulade

Zubereitungszeit:
etwa 20 Minuten

4 Eier
3 – 4 Petersilienstängel
⅓ Bund Schnittlauch
3 – 4 Estragonzweige
8 – 10 Bärlauchblätter
5 EL Olivenöl
2 EL Fleischbrühe
2 Sardellenfilets (in Salzlake)
1 Essiggurke
Salz
1 – 2 TL Zitronensaft

1 Die Eier in kochendem Wasser in 10 Minuten hart kochen, abschrecken und abkühlen lassen.

2 Petersilie, Schnittlauch, Estragon und Bärlauch waschen, trockenschütteln und fein hacken. In einer Pfanne das Öl erhitzen und die Kräuter darin kurz andünsten. Mit der Fleischbrühe ablöschen. In eine Schüssel geben.

3 Sardellen unter fließendem Wasser abspülen, trockentupfen und fein hacken. Essiggurke ebenfalls fein hacken. Eier pellen, halbieren, Eigelbe herauslösen und mit einer Gabel zerdrücken (Eiweiße anderweitig verwenden).

4 Sardellen, Essiggurke und Eigelbmus zu den Kräutern geben, mit Salz und Zitronensaft abschmecken. Die Remoulade passt am besten zu Fisch oder Eiern.

Mein Tipp:

___

___

Bärlauchöl

Für 1 Flasche à 1 l

Zubereitungszeit:
etwa 5 Minuten

1 Hand voll Bärlauchblätter (15 – 20 Stück)
1 l Olivenöl

1 Bärlauch waschen, trockenschütteln und in grobe Streifen schneiden. Blätter in eine saubere, am besten dunkle Flasche geben und Olivenöl dazugießen. Flasche verschlossen an einem dunklen, kalten Ort 3 – 4 Wochen stehen lassen.

2 Das Öl durch ein Sieb in eine andere saubere Flasche abgießen. Das Bärlauchöl schmeckt zu Salaten, eignet sich aber auch hervorragend zum Marinieren von Grillfleisch.

Mein Tipp:

___

___

Brennnesselbutter

Zubereitungszeit:
etwa 10 Minuten

1 Hand voll junge Brennnesselblätter

Salz

250 g zimmerwarme Butter

1 Brennnesselblätter waschen, trockenschleudern und fein hacken, leicht salzen und etwa 15 Minuten ruhen lassen.

2 Die Butter mit einer Gabel zerdrücken und die Brennnesseln einrühren. Butter auf ein Stück Alufolie geben, zu einer Rolle formen, einwickeln und im Kühlschrank fest werden lassen.

Die Butter passt zu Folienkartoffeln oder Nudeln, aber auch zu gegrilltem Fleisch oder Fisch.

Mein Tipp:

Bärlauchbutter

Zubereitungszeit:
etwa 10 Minuten

8 – 10 Bärlauchblätter

200 g zimmerwarme Butter

1 – 2 TL mittelscharfer Senf

1 TL Zitronensaft

Kräutersalz

Pfeffer

1 Bärlauch waschen, trockenschütteln und fein hacken.

2 Butter mit einer Gabel zerdrücken. Senf, Zitronensaft und Bärlauch unterrühren, mit Kräutersalz und Pfeffer abschmecken.

3 Bärlauchbutter auf Alufolie geben, zu einer Rolle formen, einwickeln und im Kühlschrank fest werden lassen.

Bärlauchbutter passt zu Folienkartoffeln oder zu Grillfleisch und als Brotaufstrich gleichermaßen.

Mein Tipp:

Brennnesselplätzchen

Zubereitungszeit:
20 – 25 Minuten

4 – 5 Hand voll junge Brennnesselblätter

Salz

Pfeffer

1 Ei

3 – 4 EL Butter

2 – 3 EL Mehl

1 Brennnesseln verlesen, waschen und in reichlich kochendem Wasser 2 – 3 Minuten blanchieren. In ein Sieb abgießen, kalt abspülen und gut abtropfen lassen. Auf Küchenpapier gut ausdrücken. Die Brennnesseln mit einem Wiegemesser fein hacken, salzen und pfeffern. In eine Schüssel geben und mit dem Ei mischen.

2 In einer Pfanne die Butter erhitzen. Aus der Brennnesselmasse kleine Plätzchen (etwa 4 – 5 Zentimeter Durchmesser) formen, in Mehl wenden und bei geringer Hitze in der Pfanne knusprig backen, dabei mehrmals wenden. Die fertigen Plätzchen passen als Beilage zu vielen Fleischgerichten.

Mein Tipp:

Sauerampfer und Brennnessel in Bierteig

Zubereitungszeit:
25 – 30 Minuten

je 10 – 15 Sauerampfer- und Brennnesselblätter

Salz

1 Ei

125 g Mehl

¼ l Bier

1 TL Öl

reichlich Öl zum Ausbacken

1 Sauerampfer und Brennnesseln waschen, trockenschütteln oder mit einem Küchenkrepp trockentupfen. Die Blätter leicht salzen. Das Ei trennen, Eiweiß mit 1 Prise Salz steif schlagen.

2 Mehl, Bier und Eigelb in einer Schüssel zu einem zähflüssigen Teig verrühren. Den Teelöffel Öl unterrühren und den Eischnee unterheben.

3 In einem Topf oder der Fritteuse reichlich Öl erhitzen.

4 Die Blätter nacheinander kurz in den Teig tauchen und bei mittlerer Hitze goldbraun und knusprig ausbacken. Herausnehmen und auf Küchenpapier abtropfen lassen. Sofort servieren. Dazu passt zum Beispiel ein Bärlauchtsatsiki (siehe Seite 132) oder ein grüner Salat.

Mein Tipp:

Geräucherte Forellenfilets mit Rucolasauce

1 Die Eier in kochendem Wasser in etwa 10 Minuten hart kochen, abschrecken und abkühlen lassen.

2 Rucola waschen, trockenschütteln und bis auf einige Blätter fein hacken. Knoblauch schälen und hacken. Kapern abtropfen lassen. Sardellenfilets kurz abwaschen und trockentupfen.

3 Eier pellen, halbieren, Eigelbe herauslösen. Eigelbe mit Rucola, Knoblauch, Kapern und Sardellen im Mixer pürieren, nach und nach das Olivenöl hinzugeben. Die Sauce mit Zitronensaft, Salz und Pfeffer abschmecken.

4 Die Forellenfilets auf 4 Tellern mit der Sauce anrichten und mit den übrigen Rucolablättern garniert servieren. Dazu passt Baguette.

Eine raffinierte Vorspeise oder ein leichter Imbiss an heißen Tagen.

Zubereitungszeit:
etwa 25 Minuten

2 Eier

50 g Rucola

1 Knoblauchzehe

3 EL Kapern

2 Sardellenfilets in Salzlake

6 EL Olivenöl

1 – 2 EL Zitronensaft

Salz

Pfeffer

4 geräucherte Forellenfilets

Mein Tipp:

Eier mit Sauerampferfüllung

Für 6 Eier

Zubereitungszeit:
20 – 25 Minuten

8 Eier

2 Hand voll Sauerampferblätter

1 Scheibe Toastbrot

4 EL Olivenöl

40 – 60 ml Fleisch- oder Gemüsebrühe

Salz

1 Prise Cayennepfeffer

1 Die Eier in etwa 10 Minuten hart kochen, abschrecken und abkühlen lassen.

2 Sauerampfer waschen, trockenschütteln, fein hacken und in eine Schüssel geben. Das Brot entrinden und mit Olivenöl beträufeln, bis es vollgesogen ist.

3 Eier pellen, 6 halbieren und die Eigelbe herausnehmen, mit einer Gabel zerdrücken und zum Sauerampfer geben. 2 Eier sehr klein hacken.

4 Das Brot ebenfalls mit einer Gabel zerdrücken und mit etwas Brühe in die Schüssel geben, gut mischen. Die gehackten Eier hinzugeben und alles mit Salz und Cayennepfeffer abschmecken. Den Sauerampferbrei in die 12 Eierhälften füllen und kalt stellen. Die gefüllten Eier passen sehr gut zu einem kalten Büfett oder zu einem grünen Salat und Butterbrot.

Mein Tipp:

Rezepte von A–Z

A

Aal in grüner Sauce 110
Avocados mit Sauerampferdressing 46
Avocado-Spargel-Suppe mit Sauerampfer 21

B

Bandnudeln mit Brennnesselgemüse 101
Bärlauchbaguette 124
Bärlauch-Brennnessel-Suppe mit Schinken 26
Bärlauch-Brot-Suppe 19
Bärlauchbutter 139
Bärlauch-Dinkel-Suppe 25
Bärlauchgemüse mit Reis 96
Bärlauch-Gemüse-Eintopf 32
Bärlauchhähnchen 121
Bärlauch-Joghurt-Terrine mit Tomatensauce 63
Bärlauch-Kartoffel-Gratin 71
Bärlauchkuchen 68
Bärlauchmousse mit grünem Spargel 131
Bärlauch-Nudel-Salat 55
Bärlauchöl 138
Bärlauchomelett mit Schafskäse und Tomaten 81
Bärlauchpesto 137
Bärlauchpflanzerl 93
Bärlauchpüree mit Austernpilzen 80
Bärlauchquark mit Ei 135
Bärlauchquiche 60
Bärlauchremoulade 138
Bärlauchsoufflé 65
Bärlauch-Spargel 87
Bärlauchspätzle 82
Bärlauch-Spinat-Gemüse 88
Bärlauch-Spinat-Strudel 75
Bärlauchtaschen 74
Bärlauch-Thunfisch-Dip 133
Bärlauch-Tofu-Nockerl in Wildkräutersauce 96
Bärlauchtriebe mit Wildkräuterdressing 44
Bärlauchtsatsiki 132
Bärlauch-Zucchini-Salat 54
Blattsalate mit Garnelenschwänzen und Bärlauch 51
Blumenkohlgratin mit Bärlauch 72
Brennnesselbutter 139
Brennnesselgemüse mit Spiegeleiern 86
Brennnessel-Graupen-Risotto mit gebratenen Pilzen 95
Brennnesselmousse mit Räucherlachs 130
Brennnesseln, gefüllt mit Fischröllchen 108
Brennnesselnockerl in Butter 97
Brennnesselplätzchen 140
Brennnesselquark mit Rettich 134
Brennnesselsuppe einfach 19
Brennnesselsuppe mit Weißbrotwürfeln 22
Brunnenkressesalat 50
Brunnenkresse-Steinbutt 106
Brunnenkressesuppe mit Ei 18
Bulgur-Bärlauch-Salat 50

C

Cannelloni mit Bärlauch-Hakkfleisch-Füllung 77
Chinesische Hühnersuppe mit Brunnenkresse 35

E

Eier in Brunnenkressesauce 82
Eier mit Sauerampferfüllung 142

F

Fischsuppe mit Bärlauch 34
Fleischtopf mit Bärlauch 121
Flusskrebse in Bärlauch-Dill-Sahne 109

G

Geräucherte Forellenfilets mit Rucolasauce 141
Geschnetzeltes in Bärlauchrahm 113
Gierschlasagne 76
Gierschpfannkuchen in Fleischbrühe 27
Gratinierte Gemüse mit Brunnenkresse 69

J/K

Joghurtquark mit Bärlauch 134
Kalbsröllchen mit Rucola 112
Kalte Gurkensuppe mit Rucola und Bärlauch 28
Kalte Sauerampfersuppe 30
Kartoffel-Bärlauch-Salat mit Käse 48
Kartoffeleintopf mit Pfifferlingen und Bärlauch 36
Kartoffelgnocchi mit Sauerampfersauce 103
Kartoffelpfanne mit Giersch und Speck 89
Kartoffelplätzchen in Schafgarbenbutter 90
Kartoffelsalat mit Rucola und Pilzen 43
Kartoffelsuppe mit Bärlauch 24
Kartoffel-Tomaten-Suppe mit Rucola 23

Kartoffel-Wildkräuter-Kuchen 64
Kräuterpesto 136
Kressequark-Kartoffeln 80

L

Lammkoteletts mit Bärlauchsauce 111
Linsencurry mit Brunnenkresse 91
Löwenzahnpizza mit Rucola 66

M/N

Mozzarella-Schinken-Toast mit Bärlauch 126
Nackensteaks mit Bärlauchkartoffeln 118
Nessel-Giersch-Suppe 34

O/P

Omelett mit Bärlauch-Käse-Füllung 84
Palmherzsalat mit Brunnenkresse 45
Pikante Bärlauchwaffeln 130
Putenschnitzel auf Tomaten-Rucola-Gemüse 117

R

Rigatoni mit Rucolasauce 98
Rinderfilet mit Speck-Kräuter-Kruste in Rotwein 120
Rinderfiletcarpaccio mit Rucola und Sellerie 57
Rollbraten mit Kräuterfüllung 119
Roter Gierschrisotto 94
Rucoladip 133
Rucola-Erdbeer-Salat 49
Rucolagemüse 87
Rucola-Mett-Toast 125
Rucolapesto 137
Rucolaquiche mit Salami und Tomaten 70
Rucolasalat mit Bündnerfleisch und Bärlauchbaguette 56
Rucolasalat mit Eiersauce 42
Rucolasandwich mit Garnelen 127
Rucola-Spargel-Gratin 65
Rucolasuppe mit Lachs 31

S

Salat mit Joghurtdressing 53
Sauerampfer und Brennnessel in Bierteig 140
Sauerampferdip 135
Sauerampfersuppe 24
Scharbockskrautsalat 41
Schnitzel in Waldmeistersahne 112
Schollenfilets in Sauerampfersauce 107
Schweinebraten in Bärlauch-Kresse-Milch 115
Schweinefilet in Wildkräuterkruste 114
Schweinelende mit Bärlauch und Brunnenkresse 116
Schweizer Wurstsalat mit Bärlauch 52
Seeteufelkoteletts mit Bärlauchbutter 106
Selbst gemachte Wildkräuterravioli 102
Spaghetti in Scharbockskraut-Feldsalat-Sauce 99
Spaghetti mit Rucola und eingelegten Pilzen 100
Spargelauflauf mit Brunnenkresse 61
Spargel-Bärlauch-Salat mit Tomaten 40
Spargelcarpaccio mit Rucola und Bresaola 55
Spargelsuppe mit Brunnenkresse 29
Spätzle-Taubnessel-Auflauf 62
Spinat-Lauch-Waffeln 129
Spinatsalat mit Bärlauch 47
Südtiroler Brunnenkressesuppe 20

T

Taubnesselbrotaufstrich 136
Taubnesselomelett 88
Taubnesselsalat 49
Tiroler Speckbrötchen mit Rucola 124
Tomaten-Rucola-Salat 53
Tomatensuppe mit Bärlauchnockerl 33
Tortellini in Bärlauchsauce 99

U/V

Überbackene Brennnesselbrote mit Bärlauch 128
Überbackener Löwenzahnkuchen 73
Vollkornpfannkuchen mit Taubnessel-Bärlauch-Füllung 85

W

Weißbrot mit Bohnencreme und Rucola 129
Wildkräutercremesuppe mit Bärlauch 30
Wildkräuter-Gemüse-Topf mit Bärlauch und Reis 37
Wildkräuterknödel 83
Wildkräuter-Lauch-Suppe 26
Wildkräuter-Nudelsalat 42
Wildkräuterpizza 67
Wildkräuter-Saibling 109
Wildkräutersalat 54
Wildkräuterspätzle in Käse-Sahne-Sauce 92
Wildkräuter-Zanderfilet 110

Z

Ziegenkäse-Bärlauch-Brotaufstrich 132